给九年级孩子家长的 15堂家庭教育课

九年级

总主编　王国强 / 副总主编　顾润生

本册主编　李承送

江苏凤凰教育出版社
Phoenix Education Publishing, Ltd

图书在版编目（CIP）数据

15 堂家庭教育课. 九年级 / 李承送主编. —南京：江苏凤凰教育出版社, 2020.09

ISBN 978-7-5499-8888-4

Ⅰ.① 1… Ⅱ.①李… Ⅲ.①初中生—家庭教育 Ⅳ.① G782

中国版本图书馆 CIP 数据核字（2020）第 143645 号

参考编写：

王存贵　许冬红　吴　敏　黄明柱　陈　达　王　开　康爱琴
毛乐乐　吕　丽　朱云珠　路　云　吴文超　柏佩婷　王　勇

视频作者：

程迓庆　韦成旗　刘　瑾　王朝辉

书　　名	15 堂家庭教育课·九年级
策　　划	金　玲
主　　编	李承送
责任编辑	俞　婷　刘　煜
出版发行	江苏凤凰教育出版社（南京市湖南路 1 号 A 楼　邮编　210009）
苏教网址	http://www.1088.com.cn
封面设计	私书坊 _ 刘　俊
印　　刷	江苏扬中印刷有限公司（电话 0511-88420818）
厂　　址	江苏扬中市大全路 6 号（邮编 212212）
开　　本	850 mm × 1168 mm　1/32
印　　张	3.5
版　　次	2020 年 9 月第 1 版 2020 年 9 月第 1 次印刷
书　　号	ISBN 978-7-5499-8888-4
定　　价	18.00 元
网店地址	http://jsfhjycbs.tmall.com
公 众 号	苏教服务（微信号：jsfhjyfw）
邮购电话	025-85406264，025-85400774，短信 02585420909
盗版举报	025-83658579

本书若有印刷、装订等质量问题，请与印刷厂联系调换，电话：0511-88420818
提供盗版线索者给予重奖

了解九年级的孩子

九年级孩子既不同于小学的儿童,也不同于高中的青年人,处于半幼稚半成熟、半独立半依赖时期,心理上存在着巨大的冲突与矛盾。如果把生理上快速发育成熟、心理上急剧变化的少年时期比喻为暴风骤雨时期,九年级孩子恰是暴风雨的中心。家长要引导孩子排除干扰,健康度过这个心理障碍和疾病多发的时期。

自我意识增强

随着认知能力提高,九年级孩子自我意识增强,有很强的成人感。表现为生理功能进入早期成人化,自我意识向独立成熟方面发展。他们在对人、对事的态度以及情绪、情感的表达方式方面都发生了明显的变化,渴望社会、学校和家长能给予他们成人式的信任和尊重。他们在受到批评时情绪低落,受到表扬时便趾高气扬。由于九年级孩子心理上的成人感及幼稚性并存,所以表现出种种心理冲突和矛盾,具有明显的不平衡性。家长可以利用这一特点,引导孩子树立目标,做好人生规划。

渴望独立空间

青春期的孩子认为自己身体上、心理上已经发育成熟,他们自认为什么都懂,甚至觉得自己比师长更理性,于是渴望独立的空间,不喜欢老师和家长对他们的行为进行约束和管教，对家长特别逆反。对此，家长要尊重孩子，重视培养孩子的责任感，使孩子变得思想开放、态度积极、做事主动、生活阳光。只有打开孩子的心灵之窗并实现亲子的和谐沟通，孩子的逆反才能逐渐消失，平稳度过青春期。

喜欢接近异性

进入九年级，孩子的少年时代就结束了，开始踏上了青年初期的历程。此时的孩子情窦初开，男女之间有了一种渴望接近的需要，性心理发展进入了一个男女相互吸引的重要阶段。在这个新时期，男女生喜欢在一起学习、工作和活动，如一起出游或参加文体活动。但由于青少年情绪不稳定、自我意识甚强，在接触过程中容易引起冲突，常因琐碎小事而争吵，甚至绝交，因此交往对象常有变换。在这个阶段，我们家长不要排斥孩子的异性交往，要引导孩子在异性交往中学习对方长处，完善自己的个性品质。

学习压力加大

九年级孩子的心理压力主要表现为考试焦虑。虽然从小学到初中，孩子经历了许多次考试，但中考毕竟是第一次带有选拔性的考试，对孩子的发展会产生重大的影响，再加上家长的期望值高，孩子无疑会产生压力。这种压力可能会使孩子在整个九年级阶段情绪紧张，有的甚至会出现过度焦虑现象，如有的孩子考试前经常会失眠、生病。家长要积极帮助孩子调节学习压力，防止压力过大影响心理健康。

目录

身心健康篇

01 如何帮助自暴自弃的孩子?   2

02 九年级孩子如何加强体育锻炼?   9

03 如何帮孩子合理规划学习和休息时间?   14

04 如何帮助孩子平衡学业和兴趣爱好?   20

05 如何选择与孩子交流的时间?   27

学习提高篇

06 化学学科如何尽快入门?   34

07 孩子学习偏科怎么办?   43

08 辅导班能帮助孩子提高成绩吗?   49

备战中考篇

09 如何帮助孩子调适学习压力？ 56

10 孩子恐惧中考，家长该如何进行心理疏导？ 64

11 中考前如何发挥榜样的作用？ 71

12 中考期间，家长该注意什么？ 77

生涯规划篇

13 九年级孩子有必要进行职业规划吗？ 86

14 普高和职高，选择哪个更合适？ 92

15 给孩子填报志愿，家长应注意什么？ 99

身心健康篇

　　一个人的身体,决不是个人的,要把它看作是社会的宝贵财富。凡是有志为社会出力,为国家成大事的青年,一定要十分珍视自己的身体健康。

——徐特立

> 班主任的话:
> 　　进入九年级,学习压力陡增,拥有健康的身体、强健的体魄是搞好学习的基础和保证,家长往往重视孩子身体的健康,不重视心理的健康;重视安排合理的饮食,不重视培养正确的运动观念。世界卫生组织提出:"健康不仅是躯体没有疾病,还要具备心理健康、社会适应良好和有道德。"健康是生命的基石,健康的生活方式需要终身践行,而健康的生活习惯则要从每天吃早餐、认真洗手、充足睡眠等小事培养。

如何帮助自暴自弃的孩子?

进入九年级后,孩子在学习心态上的分化更加明显。有的孩子升高中的目标很明显,学习劲头十足;而有的孩子成绩一直不是很理想,想想自己考上高中的可能性不大,于是产生了自暴自弃的念头。面对自暴自弃的孩子,我们家长该怎么办呢?

小王小学的成绩就一般化,初中的学习成绩一直居于班级后列。日积月累,小王在学习上明显信心不足,进入九年级后,表现得尤为明显。

上课时,小王经常走神,甚至趴在课桌上睡觉,作业也经常少做或不做,考试成绩不见起色。相比较其他同学的努力和进步,小王在班级里名次越来越落后,已经到了班级的最后。

九年级一次考试后,小王毫不意外地排到最后一名,小王的爸妈非常生气。妈妈对小王说:"马上要中考了,你的学习一点没有进步。爸爸妈妈因为工作忙,没时间过问你的学习,可你想想你平时是怎么做的?回家不做作业,只知道玩游戏,要不就是和那些狐朋狗友一起出去玩,哪有一点九年级学生的样子?再这样下去,我们就不管你了。"

小王的爸爸接着说:"你这样的成绩怎么考高中?如果考不上高中,以后就不要读书了,其他学校我们是不同意你去读的。"

小王十分委屈,情绪也比较激动:"我成绩差你们也不是第一天知道,每次考完了你们就骂我。我基础太差,上课根本听不懂，即使再努力，学习成绩也不可能再有起色了。拿到毕业证书对我来说难度太大，我不想再读书了，毕不毕业也无所谓了。"

小王的爷爷平时很宠溺小王，一听小王这样说，马上附和："既然孩子的基础太差，成绩不理想，现在再补课也不现实了，那就随他去吧。实在不行，初中毕业后让他找个地方学学手艺，打打工算了。"

九年级的孩子面对升学的压力，会有各种不同的表现，并不是所有的孩子都能化压力为动力。因为各种原因，一些原来成绩上比较落后的学生，到了九年级更容易因为对前途的迷茫而自暴自弃，在学校混日子，甚至产生放弃学业的念头。在孩子最迷茫、最困难的时候，家长应该积极面对现实，给孩子提供科学的帮助，使孩子顺利度过这个重要的人生节点。

结合孩子的实际能力，明确升学目标

九年级孩子若产生自暴自弃的想法，最主要的原因是成绩一贯不理想，面对中考有巨大心理压力，对毕业和升学没有把握，看不到希望。因为前途迷茫，所以会自暴自弃。如果孩子有了这样的表现，家长应结合孩子的一贯学习表现和实际能力水平，帮助孩子一起制订中考和升学目标，并将目标在全家明确，目标不要太高，要适合孩子，要让孩子觉得努力以后可以达到。

这样做的目的是让孩子知道家庭对他是有要求的，家庭是不允许他放任下去的。制订目标实际上也是在明确告诉孩子：孩子，即使你的成绩再差，我们依然对你充满信心和期望，我们不会放弃你的中考和升学。因此，适当的目标制订，能让孩子感受到家长对他的期望和适当的压力，也可以让孩子感受到家庭从来没有放弃过对他的关注。通过明确升学目标，孩子会明白作为家庭的一分子，现阶段他的家庭责任就是努力学习。适切的升学目标要经常明确并长期坚持，不要随意改变，在孩子明显进步的情况下可以适当修改提升。只有孩子在思想上紧张起来，有了动力，才能切断自暴自弃的念头。

温馨提示

自暴自弃现象形成的原因

1. 学业不良状态的长期积淀

自暴自弃是经过无数次的打击以后慢慢形成的一种消极状态。一部分学生曾经努力过，但无论怎么努力，依然很少体验到成功的欢乐。一次次的失败，使他们认为自己天生愚笨，能力不强，因而主动地放弃了努力。也有另一部分学生努力过，也曾取得过自认为还不错的成绩，但是往往不如他人，因而很少得到表扬和鼓励，长期被忽视，于是变得破罐子破摔起来。

2. 不恰当的评价方式

绝大多数孩子入学时是积极向上和充满热情的，他们对事物充满兴趣，愿意去尝试一切活动。只是有些孩子发现自己或同伴在不能顺利完成学习任务时会受到批评和嘲笑，就对探求事物和参加活动产生了恐惧心理。经历了一系列失败后，他们开始相信自身缺少取得成功的能力，不愿意为完成任务而付出努力，而把主要精力放在维持他们在老师、家长和同学们眼中的所谓"自尊"和"身份"上。

3. 不正确的归因

自暴自弃现象产生的重要根源在于一个人的归因方式不正确。当他认为,造成他学业不佳的因素是内在的、稳定的、不可控制的时候,就容易感到内疚、沮丧和自卑,认为无论尽多大努力,都难以提高自己的学习成绩,从而降低学习动机,不愿做尝试性努力。

给予孩子情感上的关注,再建学习信心

学习成绩落后而自暴自弃的学生,学习的意志品质一般比较薄弱。在孩子最辛苦、最需要父母陪伴的一年,家长不能只顾工作而忽略和孩子的相处。对于自暴自弃的孩子,学习时家长多陪伴,既是一种督促,也是一种精神上的鼓励。父母的陪伴会让孩子感受到家人与他同甘共苦,能让孩子有坚持下去的动力。想象一下,当我们要求孩子认真做作业,而自己却在打牌或与朋友娱乐时,孩子会怎么想?他还会坚持下去吗?孩子只会觉得你并不在乎他,他在你心中没有地位。

有自暴自弃想法的孩子,学习能力往往不会太强,家长在陪伴过程中,还要注意多鼓励。看到孩子有不会做的题,不要立刻指责他,太多批评只会适得其反。家长要清楚不是所有的孩子都能轻松地学会所有知识,孩子基础差,家长的要求也不要过高。但对于基础的学习内容,家长应该对孩子有要求。只要孩子有了进步,不管是在学习成绩上,还是在学习态度上,或者是在精神状态上,家长都应该及

时给予鼓励,特别是学习态度上的进步。通过适时的肯定和鼓励,让孩子明确,你认可的是他的进步而不仅仅是他的成绩。只有让孩子感觉到他的努力是有价值的、被认同的,他才会有坚持学习的信心。

同时,要经常与老师沟通,不仅要与班主任多沟通,也要与任课老师多交流。学校、老师以及家长一起努力,在正视孩子基础的情况下,对他的基础知识和学习技能进行有针对性的强化训练,取得的点滴进步都有助于增强孩子的自信心。

温馨提示

运用正面管教方法与孩子沟通的四个步骤

1. 表达出对孩子感受的理解

一定要向孩子核实我们的理解。如果孩子因为考得不好而伤心时,我们可以这样问孩子:你觉得你付出了很多却依然没考好,所以现在你心里很难过,是这样的吗?

2. 表达出对孩子的同情,但不能纵容

同情并不表示认同或者纵容孩子的行为,而只是意味着我们理解孩子的感受。这时,如果告诉孩子我们自己也曾有过类似的感受或经历,效果会更好。如:去年我参加了公司组织的培训,因为对这个培训的内容很感兴趣,所以听得格外认真,最后的成果汇报更是熬夜反复打磨的结果。没想到最终评奖时却没有我的名字,当时我很沮丧,觉得自己所做的一切都没有用。

3. 告诉孩子自己的真实感受

如果我们真诚而友善地进行了前面两个步骤,孩子此时就会愿意和家长沟通。如：当自己的付出没有得到理想的回报时，感到伤心难过很正常，但是不能因为一次的失利就止步不前。

4. 让孩子关注如何解决问题

问孩子如何避免将来再出现这类问题。如果孩子没有想法，我们可以提出一些建议，直到达成共识。如：我们如何争取下一次取得进步呢？

注重与孩子的交流沟通，重建学习生态

自暴自弃的孩子，一般学习能力不强、情绪波动较大，也就是说，这类孩子自身的正面管控能力比较弱，所以家长要特别注意孩子的情绪变化。九年级考试次数的增加，会不定期地给孩子带来这样那样的问题：可能孩子努力了一段时间依然没有任何起色，可能某次考试难度太大打击到了孩子，可能一次偶然的失误让孩子丧失了信心。家长要及时发现孩子的问题，多和孩子交流，稳定孩子的情绪，并帮助孩子找到合适的学习方法。

平时要善于利用闲暇时间和孩子多交流沟通，大到理想目标，小到学校琐事，都可以在轻松的氛围下聊一聊。多和孩子交流沟通能及时发现孩子的思想变化，可以化解孩子的懈怠和懒惰，还可以改善孩子的情绪。假如遇到重大问题需要亲子双方郑重交流时，应将孩子当成平等的家庭成员来沟通。家长要注意适时地在"舵手""出气筒""监督者""鼓励者""聆听者"等身份中自然切换，并针对每一次出现的问题和孩子一起寻求解决方案。即使暂时不能找到解决办法，最起码也可以帮助孩子调整情绪。在孩

子的学习上,家长可以帮助孩子发现学习上的增长点,并不断鼓励孩子进步。

通过经常和孩子交流沟通,努力帮助孩子在九年级重新建立学习的生态环境,让孩子在心理安全的生态环境中学习,才能逐步引导孩子摆脱自暴自弃的想法,重新振作起来。我们可以和孩子一起来做下面这种形式的导图,通过分析评估来帮助孩子重建学习生态。

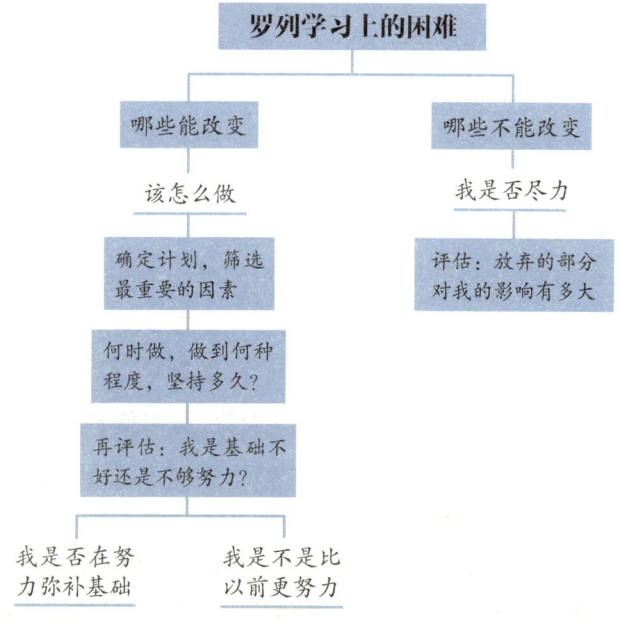

通过这样的评估,我们可以让孩子明确,他的落后不是因为他懒惰、不理智、自私、不诚实、自我放纵或愚蠢,而是因为他之前的基础比较薄弱。一旦孩子变得有活力、有希望之后,他的自尊就会渐渐恢复。

02 九年级孩子如何加强体育锻炼？

初中阶段是孩子身体机能快速发展的重要阶段，同时也是运动能力快速发展的阶段。伴随着中考考试的压力，九年级学生往往存在注重文化成绩，忽视体育锻炼的现象。虽然一部分学生的学习成绩比较理想，但是在体育锻炼方面却存在着退化、不足等问题。九年级学业紧张，如何兼顾体育锻炼，这一直困扰着家长。

扫一扫
看视频

"小明，快起床啊，今天的天气很好，我们去楼下的公园跑跑步吧。"妈妈在房门外叫了半天，小明却没有反应。已经9点一刻了。妈妈走进房间，掀开了他的被子。"快起床了，太阳都晒屁股了！""我好困，昨天作业做到12点，今天休息，你就不能让我多睡一会啊！"看着孩子浓浓的睡意，想到每天的熬夜作业，妈妈又一次妥协了，帮小明盖上了被子，拉上了窗帘。

还有不到两个月就要中考了，孩子的学业很重，妈妈做好丰盛的午餐，尽量每次的菜都不相同，变着花样准备着。小明一直睡到自然醒，看着妈妈准备的饭菜却提不起精神，也没有什么胃口。妈妈看在眼里急在心里，吃得不好怎么有精力学习呢？懂事的小明吃完饭就坐在书桌前开始学习。两个小时过去了，妈妈突然听到书房传来一阵响声，赶忙跑过去，发现满地都是书和试卷，小明坐在那里怒视着地上的试卷。已经不是第一次出现这样的状况了。妈妈感觉很慌张，不知道是不是自己做错了什么。"小明，我们下去走走吧,把作业先放一放,待会儿再写。""还有40天就要中考了,还有那么多的题目要做,哪有时间去散步啊。我已经很烦了,你还来烦我,你走啊!"妈妈无言以对。面临中考,一寸光阴一寸金,妈妈陷入了无限的焦虑中……

学习和体育锻炼之间似乎是矛盾的。在时间有限的情况下,学习时间多了,体育锻炼的时间自然变少。于是,在九年级就会出现有些孩子放弃体育锻炼的现象。但事实上,合理安排锻炼的时间对提高学习效率是有帮助的,所以我们家长要引导孩子合理规划时间,处理好学习与体育锻炼的关系。

定期了解孩子的体质状况

通过日常生活中的观察或与学校老师沟通,了解孩子的体育情况,如是否喜欢运动?如果不喜欢运动,具体原因是什么:是怕累、怕受伤,还是没有喜欢的项目?有没有养成锻炼身体的习惯?如果喜欢运动,平时都喜欢什么样的体育项目?平均每天的运动量有多少?等等。

对孩子的身体健康要时刻注意,不要等到体检才开始关注。尤其是九年级,学习压力增大,孩子在心理承受压力的同时,也必然还会因为紧张、熬夜复习等导致身体素质下降。只有足够了解孩子的身体状况,才能帮助孩子更好地兼顾学习和锻炼。

了解中考体育考试项目和具体要求

体育锻炼既可以强健体魄，提高学习效率，更是现阶段中考的必考项目。家长要及时和体育老师沟通，初步了解中考体育项目的特点，再结合孩子自身的身体状况，在家安排好孩子的学习和锻炼时间。

通过和体育老师的沟通对考试项目建立起一个基本的概念，每个项目对技巧的要求、对体能的要求、需要掌握的方法等，都要有一个心理准备，从而选择考试项目。然后去学习项目的动作要领，一旦掌握了考试项目的方法技巧，每一次练习都会有进步，练习起来就会突飞猛进。每天孩子在家做作业的过程中穿插30分钟的针对性体育训练，会让孩子在学习过程中产生的生理和心理的疲劳得到缓解，可以使孩子的注意力、记忆力、反应能力、思维和想象能力得到保持，从而提高学习效率。

一周锻炼计划

项目 星期	800/1000米	3分钟跳绳	50米	立定跳远	实心球	引体向上，1分钟仰卧起坐
星期一						
星期二						
星期三						
星期四						
星期五						
星期六						
星期日						

根据中考体育考试的项目和要求,体育中考前两个月左右的时间里,可以在家中进行一些针对性的项目练习。如果硬件条件不能满足,我们可以在家中进行一些提高身体素质的项目锻炼,比如俯卧撑、跳绳、慢跑等。这样既能帮助孩子保持或提高身体素质,也能为体育中考做好准备。

选择合适的锻炼项目,制订计划,陪伴练习

抛开体育中考不讲,体育锻炼本身是为了提高孩子身体素质。假如必须在身体健康和分数之间做选择,相信绝大多数家长宁可选择孩子身体健康。随着中考的临近,学习压力不断增加,孩子学习已经很疲惫,不会有很强的锻炼意识,学习效率和身体状况也日趋下降,孩子对学校安排的锻炼活动大多也敷衍了事。这时,家长的作用至关重要。在家选择合适的锻炼项目,制订计划,可以让孩子在最后的中考冲刺中保持最佳的身体和精神状态!

这个阶段我们要进一步加强和孩子的情感沟通,在交流过程中让孩子明确健康的体魄是学业成功的保证,提高学习效率、保证学习效果才是关键。家长要陪伴孩子在家里共同锻炼,创造锻炼的氛围。

孩子在家中的体育锻炼可以选择一些器械简单、强度不大的项目,如果条件允许,游泳也是很好的选择。家庭体育锻炼的主要目的是调节孩子的学习状态,缓解孩子的生理和心理疲劳,帮助孩子保持良好状态。所以,家中的锻炼不仅可以每天抽时间坚持,每周还要定时为孩子安排一到两次大运动量锻炼。对于时间较为紧张的九年级孩子来说,上学和放学路上的步行也是一种很好的运动方式。

在学习过程中,如果发现孩子的学习效率比较低,就可以让孩子停下来运动一段时间,这时的强度不能太大,应做一些简单的体育运动。比如:和孩子比赛跳绳,做一个呼吸调整运动,以放松情绪、开动思维;做一下半身单侧体操,单侧体操不仅可以帮助消除脑的疲劳,还有增强记忆力的作用,而且不受时间和场地限制;周末时间可以跑步、长距离散步、打篮球、打羽毛球、游泳等。

家庭体育运动最好要有一定的计划,可以和孩子一起制订计划,尽量做到按周期锻炼。家长在体育锻炼过程中最好能做到陪伴运动,亲子运动可以很好地帮助孩子减轻压力,也能更好地促进亲子关系的良性发展。

 如何帮孩子合理规划学习和休息时间?

扫一扫
看视频

随着学习难度增加,学业任务自然也会加重。孩子每天完成作业都已是夜深人静,熬夜成了家常便饭;周末更是被作业和各种辅导班占得满满的,休闲娱乐一概绝缘。很多家长由衷感慨:现在的学生学习真辛苦,毕业班的孩子尤其不容易。那么,九年级这一年的学习是不是就剩下上课、写作业了呢?整天埋头在作业堆里的学生,就一定学得好吗?如何帮孩子合理规划学习和休息时间?这些都是家长需要思考的问题。

小冰是个成绩优异、独立要强的女孩。她学习认真踏实,身上还有一股子韧劲,七八年级时的她成绩一直名列前茅,是一个让老师、父母放心的孩子。

进入九年级,增加了化学学科,各科作业量和难度都有所增加。小冰每天完成的作业时间越来越晚,慢慢开始出现课堂打瞌睡、口头作业质量下滑的情况。班主任就这个问题和家长联系,小冰的妈妈其实早就发现了这个问题,于是劝说小冰要提高学习效率,保证睡眠。但要强的小冰坚持自己能处理好作业问题,劝说效果不佳。

到了九年级下半学期,小冰犯困的情况越发严重。班主任多次和小冰沟通,小冰说她也想了很多办法。她试过到家先睡觉,半夜两三点爬起来写作业,但觉得有风险,担心到上学的时候作业还没有做完。她说,多次试验发现,到家先睡觉，再爬起来做作业，然后再睡，这样做作业效果比较好，但睡眠质量就不敢保证了。而小冰妈妈反映，小冰每天放学到家累得连饭都吃不下就睡了，十点钟左右再爬起来做作业，有的时候要做到两三点钟再睡，有的时候抱着被子在写字台前写写睡睡一直到天亮。妈妈非常担心小冰，甚至想让小冰休学调整。

一模前，小冰的脊椎出现问题，不能弯腰低头，医生分析和久坐不动有关系，学习压力大、抵抗力下降都是诱导因素，如再不加以重视可能会造成瘫痪。医生建议一定要劳逸结合，小冰不得不请假一周在家卧床休息。

中考冲刺阶段，学生、老师和家长都准备全力以赴做最后的拼搏。面对强大的学业压力，家长看在眼里，急在心里，很难理性地指导孩子劳逸结合。学习和休息发生矛盾时，过于偏重任何一边都是不理想的。作为家长，我们该如何帮孩子合理规划学习和休息时间呢？

客观分析作业多的原因

当孩子作业时间长，作业很晚都没有完成时，家长要及时关注。其实这时候，孩子的内心也是焦躁的，所以家长切不可指责抱怨，指责抱怨不仅不能改变现状，反而会影响孩子写作业时的情绪。与其干着急，家长不如在一旁帮孩子分析原因，作业完成得晚只是自家孩子的个别现象还是班级大部分同学的群体现象。这时候可以借助家长QQ群、微信群了解班级其他同学的作业完成情况。

如果班级大部分同学都完成得比较晚，那我们又需要留意班级经常如此还是偶尔为之。如果偶尔出现群体作业较晚的情况，可能是某一天个别科目的作业偏多，也可能是个别题目偏难，这个是偶然情况，不必太担心。如果经常出现班级大部分同学作业完成较晚、睡眠不能保证的情况，就需要和班主任联系，请班主任了解整体作业情况，并做好与任课老师之间的沟通和协调工作。一般说来，九年级学科较多，单科作业相加总量就会比较多，相信班主任能妥善解决此类问题。如果只是自家孩子作业完成晚的个体现象，这时候就需要家长帮助孩子提高学习效率了。

学习绝对不是花费时间越长，效果越好。学习效率是作业完成质量的保障，也是休息时间的保障，非常重要。提高作业效率可以通过以下方式：

提高作业效率的方式

1. 制订作业计划，合理安排每项作业时间，避免拖拉。

2. 提高作业专注度，专心致志做作业，不做任何与学习无关的事。

3. 牢固掌握知识，熟练运用知识，认真记笔记，并及时整理复习。

4. 主动学习，对完成作业充满信心，不带消极抵触情绪。

5. 及时做好预习和复习工作，巩固学习效果。

温馨提示

1. 抱怨苛责不是真的关心孩子

当课业负担加重,孩子作业越做越晚时,有些家长会表现得很烦躁。他们把作业完成得晚的原因都归结到孩子身上,觉得孩子上课肯定没认真听,觉得作业不会做是因为孩子没学好。这样的结果往往是家长很生气,孩子很委屈。家长的抱怨责骂会让孩子作业分心,没有办法再定心做作业,可能作业完成时间会更晚,也可能作业质量深受影响。这些应该都不是家长想看到的情况。

2. 逃避学习任务不是真的心疼孩子

有些家长出于心疼孩子,看不得孩子在中考复习中吃这么多的苦。当他们看到孩子作业做到很晚时,不去客观地分析原因,直接把责任归结为老师作业太多,甚至会在孩子面前随意指责老师,向孩子传递非常消极的思想,更有甚者还会劝孩子有选择地应付老师……这些做法都是非常不可取的,也不能从根本上解决问题,不仅解决不了孩子作业完成晚的情况,还会给孩子的学习效果和思想造成很不好的影响,而且从主观上拉远了孩子和老师的距离。

营造安静、舒适的家庭学习环境

孩子最好有独立的、固定的房间用来学习。独立安静的环境可以避免来自其他家庭成员的干扰,固定的环境可以让大脑生发出学习的信号。此外,学习空间的布置以简单淡雅为主,不要用复杂的装饰分散孩子的注意力,淡雅的色调更能让孩子以平和的心态进入学习状态。

家庭环境还包括家庭成员之间的关系以及家庭氛围。考试发挥具有偶然性,九年级的学习压力大,孩子难免会面临考试没考好、作业没做好、被老师批评等困难,与其一味地批评责备,不如心平气和地鼓励他勇敢地面对现实,努力地克服困难,并相信他下次能做好。相互信任的和谐亲子关系可以给孩子带来家庭的温暖和学习的信心。

温馨提示

> 不能因为忙就放松对孩子的关注。有些家长正处于事业发展期,自身工作比较繁忙,平日里对孩子的学习过问较少,孩子从小独立性就很强,都是自主学习。这一类家长意识不到九年级学习的特殊性和重要性,会将自己的工作和生活看得比孩子的学习更重要。
>
> 这样的家庭看起来很民主开明,孩子的独立自主能力很强,但在中考这样的特殊时期里,发生学习和休息的矛盾时,单纯靠孩子的自觉性和自制力来处理就有些冒险了。孩子毕竟只是初中生,当学习任务和休息时间产生矛盾时,即使通过偷懒来换取休息时间也是可以理解的。这时,如果得不到家长的及时关注、合理建议和有效督促,肯定会影响学习。一旦形成习惯,后果就更加严重了。

合理安排假期时间

日常的学习时间比较紧张,环环相扣,不能放松。相比较而言,周末和寒暑假的时间是可以灵活安排的。我们可以让孩子利用假期时间好好休息,补足体力,从而更好地投入学习中。如果睡眠不足,长期疲劳,大脑供氧不足,思维缓慢,学习效果也不会好。

有些家长让孩子利用周六的半天补觉,舒缓一周紧张学习的压力;有些家长利用这段比较自由的时间给孩子上辅导班,对平时学习的知识进行梳理和查漏补缺;有些家长利用周末带孩子看一场电影,打一场球,逛一次超市……这些都是很有意义的放松方式。

但要注意,不管用什么方式都不能走极端,需要在周末或假期前梳理好学习任务,合理分配学习和休息的时间,劳逸结合,效果最好。

 温馨提示

课外辅导适可而止

一味依赖假期课外辅导未必有效。有些孩子一放学就被送进了晚托班,请老师辅导当天的功课,晚饭都是在去上课的路上草草应付的;有些孩子周末的上午下午排满了辅导班,两天休息时间全部辗转在辅导班和去辅导班的路上。九年级的学习任务已经很重,再加上辅导班的作业,孩子们更加不堪重负了。

反观这些孩子的学习,很容易走进一个极端:疲于奔波,疲于应付,反而达不到效果,最后可能连课内的基础都不能巩固,实在是不值得。

04 如何帮助孩子平衡学业和兴趣爱好？

扫一扫
看视频

进入九年级，孩子的兴趣爱好被大多数家长认为是无用的东西，因此被搁置、被淡化、被放弃。在毕业班的时间节奏里，一切得围绕"学习"而展开，一切非学习的内容都被认为是"不务正业"，很多孩子在没有兴趣的情况下被动接受、被迫学习，不仅痛苦，而且效率低下。时间精力有限，孩子的兴趣爱好还能走多远呢？能否把孩子的兴趣和学习有机结合起来？

小琪的成绩属于班级中等，但是她是一个有想法、有才艺的女孩子，她在学校组织的各种文艺活动中非常活跃，也表现出一定的天赋和悟性。

进入九年级，她对音乐老师说，自己不想错过年底的学校文艺汇演，因为这是在母校的最后一次表演了。小琪为了参加表演，需要和其他班级的同学凑时间排练和磨合。有一次需要利用周末时间到学校排练，可是她的爸妈临时安排她去听一个中考的作文讲座，双方僵持不下，爆发了一场"战争"。"凭什么我必须按照你们设计的路线走下去？""为什么你们家长的眼睛里只有分数？""我的兴趣是正当的，你怎么知道我的明天就是死胡同？""没有兴趣爱好的人生还有什么意义？""一次中考就能决定我的未来吗？""你们怎么知道我的兴趣爱好就一定影响学习呢？"家长除了着急和愤怒，除了"我们是为你好"之外无言以对。亲子关系迅速降温。

班主任老师知道情况后主动找小琪聊天，也找来家长一起进行三方会谈。除了交流关于文艺汇演的想法之外，小琪还当着家长的面直言："我想学习一门乐器，想报考幼儿师范。"这可急坏了小琪的父母：哪有时间和精力去学一门乐器啊，真是天方夜谭！家长明确表示：不支持！小琪说："我的学习成绩摆在这儿了，即便我不参加文艺汇演，不学习任何乐器，我的成绩也是中游。我的未来我做主，我可以选择我的人生方向了。毕业班也有休息和调整的时间，为了兴趣爱好，我的学习会更有动力，我还会更加注重效率，提高时间管理的能力，这不是很好的事情吗？至于你们所说的费用，我已经问过同学了，少年宫学费便宜，老师也挺专业，有适合我学习的吉他，上手也快。基于我的学习成绩，我认为我可以报考幼师专业，这条路挺适合我的。"老师建议小琪家长可以考虑女儿的意见，可是她的爸爸妈妈依然在犹豫，觉得考幼师没出息，发展兴趣爱好是在浪费宝贵的学习时间。

小琪很有主见，但是她为爸爸妈妈的唠叨而烦心，为爸爸妈妈不信任她的选择而难过，思想负担很重，她的情绪一直很低迷。

当一个人从事他喜欢的工作时，工作本身就能给他一种满足感，个人的潜能将会得到最大程度的发挥，而且更易获得成功。学习也是同样的道理，如何将孩子的学业和兴趣有机融合起来，这值得每个家长去深究。

认识孩子的性格特点，及早规划发展道路

上述案例中的小琪是一位非常有文艺基因的孩子，如果家长能及早做规划，安排好孩子的兴趣爱好，就不会在

九年级的时候再重新定位,错过了孩子发展兴趣爱好的最佳时间。

1. 积极关注孩子的性格特点和兴趣爱好的关联度

父母让孩子报兴趣班,最重要的是尊重孩子的兴趣爱好。父母要多留心观察孩子,看准了孩子对哪些事物感兴趣,然后从孩子的个性特征和兴趣出发,扬长避短,而不是取长补短,理性选择适合孩子性格特征的兴趣爱好才是孩子真正需要的,应给孩子留出宽松的发展空间。孩子不是大人的附属品,他知道自己喜欢什么不喜欢什么。如果父母非要把自己感兴趣的强加给孩子,那学习就变成了一种痛苦,不仅会逐渐消磨孩子的学习热情,而且会让孩子产生厌学的情绪。

2. 积极关注孩子兴趣爱好,做好未来的发展规划

研究表明,孩子童年时期的兴趣,在一定程度上决定孩子未来事业发展的方向。孩子对某个事物的浓厚兴趣,往往会成为他在某个领域进一步发展的先导。孩子对具体事物或经验的兴趣,可能会随孩子知识的丰富、能力的增强而发展成对某类事物的兴趣。比如:孩子开始时可能只对听故事有兴趣,后来逐步发展到对故事书产生兴趣,进而将兴趣扩展到阅读与文学创作。家长也可以了解当地的招生政策,关注特长生和高水平艺术团的招生政策,如果能够把兴趣爱好发展成特长并成为中考的敲门砖,也是一件幸事。

 温馨提示

让兴趣为孩子的学业添翼

到了九年级,有的家长一下子对分数敏感多了,一向只要孩子快乐成长而看淡分数的家长,也开始在意孩子每一次考试的成绩和排名,估摸着毕业能去哪一所学校。因此,很多家长认为兴趣爱好应该为学习让路,在孩子的前途规划上等待观望。即便是有特长的孩子,家长也认为九年级应该全力以赴为符合特长生的招生条件而练习和培训,应试味道浓厚。如果孩子突然冒出要发展兴趣爱好的念头,家长一定认为他着魔了,太不现实了,还是应该走好中考第一步再说。

兼顾学业和兴趣,家长不仅要从思想上认同,更要引导孩子一起去实践。

挖掘孩子的多元潜力,成就孩子丰富的人格品质

学习的目的是为了什么?学习是为了成长,为了将来能更好地适应社会。发展兴趣爱好不是指完全消磨时光的娱乐,而是指在做自己感兴趣的事情时,认真探索,专注投入,坚持积累。在这个过程中,孩子同样能锻炼各种能力,提升学习所需的素养,如意志力、注意力、理解能力等,这些当然有助于学生在学习上的进步与提升。

有了时间才能发展兴趣爱好,随着毕业班的学习节奏增强,不管是学习还是培养兴趣爱好,都需要培养孩子自主学习的能力,只有孩子打心底里愿意去学,才能学好。

让孩子在学习道路上懂得反思与取舍，学会不断优化自己的时间安排，才会更加和谐地兼顾两者的关系。

音乐、艺术、运动、阅读犹如饮水和呼吸一样自然，融入生命的节拍中，人人皆可享受。任何有机会接触不同兴趣的孩子，自然会体会到：所有事物并非一蹴而就，无论音乐、艺术、运动、阅读，都需要时间与耐心，只有一点一滴进步，才能真正积累实力，没有坚持，兴趣难以成型。所以，比起智力学业养成的精神力气，兴趣爱好丝毫不逊色，孩子凭借着拓展这些"智育"之外的领域，能使人生之路的风景更加多元和丰富。我们应放下功利心，放下一定要"为了成为什么而学什么"的预设前提，用更开放的心态，来看待孩子所接触的各种爱好与活动。未来不一定在我们的预设之中，无论学什么，都能够帮助孩子更好地认识自己。无论孩子学习的是建筑、音乐、绘画，还是其他，只要能从中吸收各种养分，快乐地享受过程，孩子终将有机会发现自己的潜能，成为一个完整的自己。

温馨提示

多元智能理论

20世纪80年代，哈佛大学认知心理学家加德纳提出了多元智能理论，强调智能是人在特定情景中解决问题并有所创造的能力。他认为我们每个人都拥有八种主要智能：语言智能、逻辑-数理智能、空间智能、运动智能、音乐智能、人际交往智能、内省智能、自然观察智能。

过去的多元智能发展主要集中在幼儿园，现在多元智能理论在中学、大学也广泛推广。对于中学生来讲，

> 由于多元智能理论有助于老师和家长从学生的智能分布去更了解学生，我们可以将理论用于两方面：
> 一是可以利用多元智能理论来发掘优秀学生，进而为他们提供合适的发展机会，使他们茁壮成长；二是可以利用多元智能理论来帮助有问题的学生，并采取对他们更合适的方法去学习。

倾听孩子的合理建议，合力开拓美好明天

1. 家长需要尊重孩子的意愿

当出现矛盾时，家长应该第一时间和孩子商量。不要以为自己可以替孩子做决定，不要以为孩子功课繁忙，就可以忽略兴趣爱好的培养和坚持。只有尊重孩子真实想法，引导孩子正确选择，才能让孩子在今后的学习道路上不迷茫、不懈怠、不责怪。家长的尊重和信任是孩子前进道路上的不竭动力。

2. 经常和孩子的班主任沟通

因为学业负担的加重，如果要兼顾兴趣爱好的发展和学习，需要老师积极关注孩子课堂上听讲和发言情况，关注孩子的学习效率，尤其要关注他对学习与活动的时间安排，能否做到"当日事，当日毕"。如果学校有更多的展示机会，鼓励孩子积极争取，这样可以激发他们的斗志，努力在兴趣特长方面取得成绩，同时也会极大地促进孩子的学习，使学习与发展兴趣相辅相成。可见，家校配合能使学生的学习与兴趣共同发展，互相促进。

3. 兼顾两者关系

最主要的是激发孩子的自主意识。叶圣陶先生曾经做

过一个实验：他抱来一只大公鸡放到讲台上，然后撒了几粒米，按着公鸡的头让公鸡吃米。结果，公鸡躲躲闪闪，说什么也不吃。后来，他把公鸡放开了，在地上撒了几粒米，自己走到一旁，公鸡一会儿就跑过来自己啄米了。九年级的孩子，青春的思维在跳跃，主观意识已经萌发。案例中小琪的故事告诉我们，即便她不发展兴趣爱好，似乎也找不到奋斗的方向，学习效果自然不好。如果她像自己所说的那样，有合理规划，并有可行方案，可以将兴趣爱好和就业前途完美结合，岂不是人生幸事？"强扭的瓜不甜"，如果能激发孩子的主观愿望，不管学什么孩子都不会觉得辛苦，也肯定能高质量地完成。

发展孩子的特殊兴趣能培养孩子和谐自由的个性，最大限度地发展孩子的潜在能力，为孩子的生活增添乐趣，为他日后的生活提供更丰富的内容和更多的选择机会。同时，学习成绩是迈进理想学校的敲门砖。只有两者共同发展，相互促进，才能相得益彰。

05 如何选择与孩子交流的时间？

扫一扫
看视频

"今天作业多不多？""晚饭想吃点什么？""你只要好好念书，其他都不要你管……"当家长想和孩子聊几句的时候，得到的回复常常是孩子的沉默，甚至是厌烦。进入九年级，孩子的时间变得非常宝贵，有时家长想找孩子聊几句话都成了奢望，匆匆几句，不痛不痒。随着孩子的日渐成长，他们在很多问题上有自己的想法，当和家长的想法不一致时，谈话往往又会不欢而散。家长需要注意与孩子沟通的技巧，尤其是要选择好与孩子交流沟通的最佳时间，这样才能取得理想的效果。

进入九年级后，小雨总是提不起学习的劲头，作业拖拉，上课魂不守舍，眼神迷离，班主任老师与她多次交流后也没有取得明显的效果。谈起家长对她的教育情况时，小雨总是一脸的不屑："他们总是干扰我的学习，有事没事就在我耳边唠叨一堆废话，我跟他们没什么好说的。"于是班主任带着困惑走进了小雨的家。

班主任和小雨刚走进家门，就听见小雨妈妈的声音从厨房传来："死丫头，你还知道回来！"还没有等到孩子回答，就继续扯着嗓子说："今天你们数学老师打电话来了，说你的数学作业没有做，你这个死丫头，不知道你整天胡乱瞎忙活什么……"直到看见班主任，小雨妈妈才转换语气。

接下来，在与班主任的沟通中，母亲情不自禁地又开始数落起小雨来："你看看邻居小天，整天也不要家长多操心，学习那么好，还帮家里做事，你呢，家里什么活也不要你干，只要你念个书，你还这么不省心。天天跟你说上课认真听讲，作业按时完成，你听进去了吗？你再不好好念书，就回老家种地去……"终于，小雨爆发了："学习学习，你们就知道学习，从进门到现在，你就一直在抱怨我，每天都这样，能给我个安静的环境吗？"一场母女大战眼看即将爆发。

与孩子交流，也就是与孩子说话，似乎不需要讲究什么，朝夕相处的家人之间，不是想说什么就说什么吗？并非如此，尽管我们家长抱着"为孩子好"的心态与孩子交流，但也要注意说话的内容、方式，更要注意时间选择。

孩子遇到困惑时，主动和孩子沟通

家长有帮助孩子解决困惑、引导孩子健康成长的责任。当孩子遇到困惑时,如果家长能够抓住时机与孩子好好沟通,不仅能帮助孩子解决问题,还有利于良好亲子关系的构建。

随着自我意识的发展，孩子在生活、学习中会产生多方面的困惑。如学习上的焦虑，努力了很久成绩怎么还不提高；对未来的迷茫，如中考后将走怎样的路；对生活意义的思考，如难道生活就只剩下刷题了吗；等等。但一项针对未成年人的调查表明，初中生有困惑时，一般不会主动向家长、老师询问。这就需要我们家长平时做个有心人，做到以下三个方面：一是认真观察孩子平时在学习、生活方面的细节变化；二是善于倾听，在沟通的过程中只有善于倾听，尽量让孩子自己说，并且在孩子说的时候不要轻易打断孩子,才能发现孩子的困惑;三是善于学习与积累,孩子的困惑出现以后最好能即刻给予一定的解答或指导,这样才会让孩子产生信任感。

> **温馨提示**
>
> 如发现孩子最近存在困惑,首先,可以询问孩子是否需要帮助。此时,家长最好放下身段,以朋友的身份亲切地询问,如:"需要我帮你吗?"对于家长自己观察到的问题,在与孩子沟通时,最好客观描述自己发现的变化,而不是直接对问题进行断定,如:"我发现你最近写作业时经常会停下来愣着不动呢?你有没有发现呀?是遇到什么问题了吗?我有一些提高作业效率的方法,你看看有没有适合你的呀……"
>
> 其次,平时注意学习积累孩子同龄人的共性问题和解决方法。这样有利于家长及时发现孩子的问题,但也要注意不要过度敏感,将别的孩子发生的问题往自己孩子身上套。
>
> 最后,也是影响沟通的关键,在孩子与你交流时一定要认真倾听,对于孩子讲述中发现的问题可以心中默记,一定不要打断孩子的话,这是对孩子最起码的尊重。

寻找与孩子的共情,创造沟通的时机

当我们感到自己被理解、被悦纳时,会感到身心愉快与满足,此时沟通的意见以及建议更容易被接纳,效果较好,孩子也不例外。这就需要家长与孩子的沟通能够使孩子产生共鸣,使孩子感受到成人对他的理解与尊重。

如何能激发孩子与家长的共情呢？

一是要关注孩子的兴趣爱好。在与孩子沟通时，如果上来就谈及学习的话题可能会引来孩子的反感，因此可以先谈一些孩子感兴趣的东西，然后再引入主题。

二是沟通的内容尽量多样化、具体化。孩子是社会化的人，他们除了学习生活之外，还有丰富多彩的社会生活，所以家长在与孩子沟通时可以讲一些社会事件、孩子感兴趣的电影等引发孩子共情的事。

三是在沟通的过程中能够换位思考，理解孩子，鼓励孩子。在和孩子的沟通中，如果能多考虑孩子的感受，理解他的想法，那么沟通无疑会顺畅很多，效果也会好很多。因此我们家长在和孩子沟通前，应该做好充分的"功课"，尽量能够找准有效时机。

四是创设良好的沟通氛围。不同的沟通主题需要不同的氛围，或严肃，或活泼，或正式，或随意，家长与孩子沟通前尽量创设好与主题相适应的氛围，这样孩子才能尽快进入角色，沟通的效果也会更好。

温馨提示

有些孩子之所以感觉和父母没有话讲，并不是和父母有矛盾，而是不知道该说什么。调查显示，九年级学生平时关注的话题除了学业之外，还有游戏、电影、小说、明星。如果家长只是和孩子聊学习的话题，就很难与孩子产生共情。从孩子的兴趣入手，一方面拉近了彼此的距离，让双方更亲近；另一方面也让孩子有话说，而不是用"你不懂"来敷衍家长。

沟通时间选择：固定时间还是不固定时间

关于沟通的时间该不该固定，有调查显示，相当一部分家长都用固定的和孩子沟通的时间，相当于定期的家庭会议，通过家庭会议，形成良好的家庭氛围。也有部分家长认为，和孩子沟通的时间选择应该将固定时间与机动时间相结合。九年级的孩子时间相当紧张，智慧的家长也学会了见缝插针地与孩子交流，有的家长选择全家人一起吃晚饭时，有的家长选择在接送孩子的路上，有的选择在运动时间，这些时间的选择比较灵活，氛围也比较轻松。在沟通的频率上，有的家庭一周一次，有的两周一次等等。也有家长认为与孩子的沟通应该和学校的活动相结合，比如有的家长喜欢在重大考试前和孩子谈谈心，有的则喜欢在考试后和孩子总结得失，有的往往在学校开家长会之后与孩子交流。

作为九年级的家长，我们应该重点把握好这几个时间段。一是九年级开学时，处在这个时间段的孩子，对自己的未来充满了憧憬，家长应该在这个关键时间与孩子认真沟通，为孩子指明目标，帮助他制订具体的学习计划。二是九年级上学期期末考试以后，经过一学期的努力，此时孩子或有所进步，或身心疲惫，一个短暂的寒假近在眼前，家长应该结合期末成绩，和孩子一起好好规划寒假生活。三是九年级下学期的几次模考以后，家长应该帮助孩子调整心态和学习状态。四是填报志愿时，家长应该在充分了解孩子意愿的基础上给出指导性意见，一起找到家长和孩子意见的最佳结合点，给孩子最后一段时期的学习鼓足劲道。五是中考前夜，此时是孩子最紧张的时刻，不同的家长有不同的选择：有的家长选择以平常心对待，无声胜有声；有的家长选择再唠叨几句……如何作出合适的选择，要从孩子的实际出发。

当然，随着中考的临近，九年级孩子在重压之下会出现各种各样的情绪波动，有的孩子过于紧张，有的孩子自暴自弃，有的孩子迷茫，有的孩子身体出现不适，这都需要家长及时关注，细心观察，积极主动地解决问题。

温馨提示

> 无论交流时间固定或不固定，都要从家庭情况和孩子的实际出发。如确定了固定的交流时间，那么家长更应克服一切困难保证沟通的时间，这体现了对孩子的重视，也有利于孩子对家长敞开心扉。不固定的交流时间也要注意，不是一旦发现问题就必须马上解决，不要随意打断孩子的学习节奏，也要避免一看见孩子就唠叨，不仅不利于解决问题，也会为沟通制造障碍。

总之，在与孩子沟通的过程中，家长需要根据不同的话题内容以及孩子的个性、身心特点等因素综合考虑，选择合适的时间与地点，预想谈话可能出现的反应，提前考虑应对策略，这样才能有的放矢，与孩子沟通顺畅，达到预期效果。

学习提高篇

读书，始读，未知有疑；其次，则渐渐有疑；中则节节是疑。过了这一番，疑渐渐释，以至融会贯通，都无所疑，方始是学。

——朱熹

班主任的话：

在九年级的学习过程中，有两个学习习惯对孩子提高成绩特别有效。一是勤于整理的习惯，每周末让孩子把本周所学内容整理一遍，在形成知识结构的同时，查漏补缺，找出自己不懂或有疑惑的地方；二是勤于发问的习惯，引导孩子勤于向老师提问，对于每节课上有疑问的地方或者周末整理中发现的问题，千万不要放在一边，一定要积极向老师提问。勤于整理、勤于发问，是孩子在主动学习，比请家教、参加课外辅导效果要好得多。

化学学科如何尽快入门?

钾钙钠镁铝……背着背着就忘了!化学方程式默写总是丢三落四!配平怎么配,头疼!进入九年级,孩子接触到新学科——化学。既需要文科的记忆,也需要理科的思维,难上加难!进入紧张的九年级,在其他学科难度加大、学习负担较重的情况下,很多孩子常常为学习化学而苦恼。那么,如何帮助孩子尽快找到学习化学的方法?如何处理好化学学科与其他学科的关系?如何建立对化学的学习兴趣?

宸宸是班级里的团支书,是个做事干练、成绩优异的女孩。她的理科尤其优秀,数学物理一直在班级里名列前茅。知道九年级开始接触化学这门学科,宸宸暑假在父母的安排下已经提前学习了部分内容,刚开学时化学学习还较为轻松。期中考试前,宸宸的名字渐渐出现在化学默写不合格的名单中,几次小测验的成绩都不是很理想。

宸宸在家校联系本上吐露了自己的烦恼,她不解于提前背好的化学方程式会在第二天的默写时忘记,疑惑于即使自己很努力投入化学课堂也会不自觉地走神,苦恼于自己对化学一直提不起兴趣。这个开朗乐观的女生情绪变得低落,连带其他科目的学习也提不起劲儿。班主任老师与宸宸进行了沟通,宸宸说:"我很想学好化学,但是我不喜欢化学。暑假时,妈妈帮我找了教育机构提前学了一个单元,开学后我依旧每周去教育机构上化学辅导班。那里的老师的上课风格我其实不喜欢，一直让我死记硬背。可是妈妈说那个老师很好，是她同事推荐的。"班主任老师问她是否将自己的想法告诉过家长，宸宸的眼神暗淡了下去，无奈地说："我说了，可是妈妈觉得是因为我不够努力，花的功夫不够多。她准备帮我在辅导班每周再加一节课。"宸宸越说声音越低，无奈和失落都写在脸上。

班主任老师请宸宸的家长到学校沟通交流，宸宸妈非常诚恳地对老师说："老师，为了孩子的学习，我们可是花了不少精力，给她找了很好的老师。可是这个孩子，好像很不开窍，这个化学怎么都学不上来。我愁都愁死了，准备给她再多加几节课。都说提前学一学，到了九年级紧张的时候就轻松了，不知道这个孩子怎么回事！"

对于一门新科目的学习，入门方法至关重要，好的开头是成功的一半。在九年级这个特殊时期，家长有必要花心思、花功夫引导孩子树立正确的学习观念，养成良好的学习习惯，掌握正确的化学学习方法。

关注生活，激发学习化学的热情

兴趣是最好的老师。如果孩子对刚接触的化学不感兴趣，以后是很难学好的。家长可以结合日常生活帮助孩子发现化学之美。比如：家里吃包子的时候，向孩子请教包子皮松软的原因；走上街头，揭秘银匠免费为消费者清洗首饰背后的小秘密；让孩子为家里拟定食物搭配禁忌……这样孩子就可以学有所用，帮助孩子增强自信心，激发学习兴趣。

我们还可以提前做一些准备工作，利用八年级暑假带领孩子看相关纪录片、实验录像等，以激发孩子对化学学习的兴趣。如有条件，可以带领孩子动手实践，先带着问题观察，再带着疑惑自己动手，在实验过程中细心观察、认真思考、如实记录，有趣的实验可以激发孩子对化学学习产生浓厚的兴趣。

查找原因，精准分析，对症下药

孩子刚刚接触化学学科，每个人的感受不同，有的孩子感到很新奇，有的孩子感觉实验很有意思，但也有的孩子觉得有压力，感到化学和其他学科不完全一样……这就导致不同的孩子对化学学科的学习状态不一样，要想帮助孩子尽快融入化学的学习，需要了解孩子的具体学习情况，查找学习困难的原因，然后对症下药。

一般来说，孩子学不好化学有以下几个原因：

1. 尚未掌握相应的学习方法

刚接触化学学科，还没有掌握正确的学习方法，不知道如何学习，感觉学习困难。

2. 没有进行必要的记忆

认为化学学科和其他理科科目一样，只要上课弄懂就好，不需要记忆，特别是对化学的一些基本元素和方程式没有加强记忆，导致化学学习出现困难。

3. 对化学学习缺乏兴趣，学习情绪低落

对化学不感兴趣，花费的时间不够，导致不懂的地方越积越多，形成恶性循环。

4. 不适应教师风格，抵触对本学科的学习

由于不能接受教师的授课方式而丧失了学习兴趣，导

致学习情绪低落，成绩快速下落。

5. 对初中化学概念模糊不清，不能灵活应用

基本概念掌握不透彻，难以独立解答练习题，对知识点缺乏系统性的掌握。

当我们发现孩子在化学学习上存在困难时，不要着急，要静下心来与孩子一起分析原因，必要时可以寻求化学老师的帮助，在找到原因的基础上制订合理的学习方案。

掌握方法，遵循规律，从容应对化学学习

达尔文说过："最有价值的知识是关于方法的知识。"一旦掌握了学习化学的方法，就能够轻松、愉快地学习。

1. 树立信心

信心是战胜困难的源泉。九年级是学习化学的启蒙阶段，只要树立了信心，掌握了科学的学习方法，加上勤奋努力，就一定能学好初中化学。

2. 课前预习

预习是提高学习效率的第一环节。预习时，要把新课内容仔细读一遍，了解新课的基本内容与重点，在不懂的地方用铅笔做记号，并写下疑问，这样带着重点、难点、疑点，听课的效率更高。

3. 专心听课

听课是学习的核心环节。上课时，一定要集中注意力听老师讲解，积极思考老师提出的问题，主动参加课堂中的各项活动，特别注意老师反复强调的重点和难点。

4. 做好笔记

做笔记不仅能集中注意力，提高听课的效率，而且有利于课后进行复习，掌握重点、难点、关键点。不过，记笔记时，要在保证听清楚老师所讲内容的基础上，记重点、难点、疑点，记关键性的、带规律性的和课本上没有的内容。

 温馨提示

妙用笔记

记笔记除了能集中注意力，提高听课效率外，对课后复习也有很大的帮助。所以，刚接触化学的九年级学生要养成记笔记的好习惯。笔记大致可以分为这么几类：

1. 补充笔记

讲新课时做补充笔记，老师讲的内容是根据学生的实际将课本内容重新组织，突出重点加以讲解，记笔记是边看书，边听讲，边在书本上画记号，标出老师所讲的重点，并把老师边讲边在黑板上写的提纲和重点内容记下来，还要把关键性的、规律性的、实质性的内容和对自己有启发的地方扼要地在书本上或笔记本上写上几句，把老师讲的但书上没有的例题记下来，课后再复习思考。

2. 实验笔记

老师的演示实验和学生的探究实验，重在通过实验验证化学原理、掌握化学性质或物质的制法操作。可做简明图解、补充笔记。书上有实验插图的可以直接在上面补充。

3. 改错笔记

习题或试卷评讲时，老师讲解的解题思路、规律、技巧和方法等内容应做改错笔记。听课时,不要只抄正确答案,关键是订正,并与正确答案做对比,找出答错的原因,这种笔记是在作业或试题空白处做简明的"眉批"或"注释"。

5. 科学记忆

学好化学,对必要的基本知识进行记忆是必不可少的。所以,根据学习的进度以及学生的实际情况,以下三方面知识需要掌握和记忆。

(1)元素周期表要记牢。元素周期表是学好化学的基础,最低要求是记住元素周期表前20个元素。记忆分三层:一是会读每个元素的发音;二是会写每个元素的符号,20个以后不要求;三是让孩子最好能记住前20个元素的相对分子质量。通过多读多记和实验过程中的运用达到记忆目的。

(2)记住几种常用化学式的书写。化学式的正确书写是学习化学的关键环节。正确书写化学式要注意几点:一是记住各种元素的元素符号;二是熟练记忆各种元素的常用化合价,掌握特殊反应的特殊化合价,了解原子团及相应的化合价;三是掌握元素与元素之间化合价存在的条件。

(3)正确书写化学方程式。正确书写化学方程式要把握几个原则:一是质量守恒定律,反应物质的消失必定有新物质的生成,如果只有反应物质消失而无新物质生成肯定出错了。二是注意原子是化学反应中的最小微粒,化学反应就是原子的再组合,原子不会因化学反应再分割而变小,也不会增加或减少,化学方程式等号两边同种元素的个数必须相等。做到这些,基本上能正确书写一个化学反应方程式。

温馨提示

记忆的方法

1. 理解记忆

理解记忆是建立在对化学知识理解的基础上，依据知识的内在联系，运用有关的经验所进行的识记。

2. 要点记忆

对复杂的概念、原理、物质性质、实验操作等，可概括成要点，使记忆的内容简单化。如过滤的操作，可以概括成"一贴、二低、三靠"。

3. 规律记忆

任何知识都是有规律的，掌握了规律自然就能记忆知识、理解知识、应用知识。如学习烧碱、熟石灰、氨水的化学性质后，总结出碱的通性。这样，记忆就很深刻，运用就更灵活。

4. 技巧记忆

掌握一定的技巧，有助于提高记忆的效率。如将化合价、物质溶解性表编成顺口溜来记，就降低了记忆的难度。

6. 注重实验

化学是一门以实验为基础的自然科学。很多重要概念、理论、结果都是通过实验总结出来的。实验不仅可以激发学习兴趣，而且可以帮助获得知识、理解知识、培养能力。怎样做实验呢？首先要学会观察，要明确观察的目的，仔细观察老师做的演示实验的操作细节和实验现象，并认真动脑思考；其次要亲自动手实验，明确实验目的、原理、操作步骤，耐心细致地观察实验现象，准确作好记录；最后认真填好实验报告册交给老师。

7. 建立网络

化学学到一定阶段后,将所学的零散的知识进行整理、归纳、总结,形成知识网络结构,使知识系统化,对掌握知识和培养能力大有益处。

8. 循环复习

复习能防止知识遗忘,加深对知识的理解。复习时要仔细精读学过的教材、笔记,同时要动笔在草稿上写一写;对重点、难点内容进行自问自答式的复述或默写,也可以与同学之间相互提问、讨论、听写等。要在知识遗忘之前复习,只有通过多次循环复习才能牢固地掌握知识。

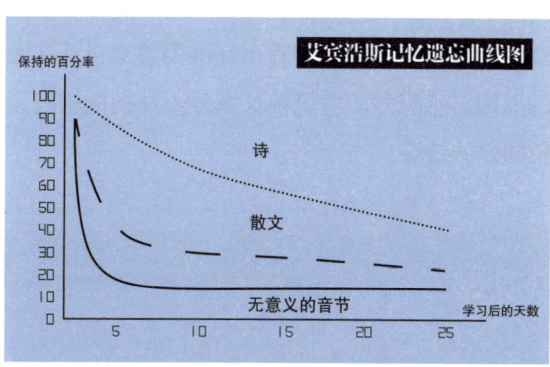

时间间隔	记忆量
刚刚记忆完毕	100%
20分钟之后	58.2%
1小时之后	44.2%
8-9小时之后	35.8%
1天后	33.7%
2天后	27.6%
6天后	25.4%
一个月后	21.1%

9. 做好作业

课后作业要在复习以后做,才能事半功倍,不要养成边做作业、边翻书、边讨论对答案的坏习惯。既要完成教科书上的作业,也要适当练习教辅资料的习题;要研究如何审题,如何解题,如何找关键点,要总结出一类题的解题规律,书写答案要规范、清晰,准确表达出解题思路和过程;要重视作业评讲,做错的题一定要认真订正,还要找相似的习题进行反思训练,达到举一反三的效果。

10. 注意纠错

对于在学习过程中出现的错误不能小看,一定要加以纠正,从中得到启示和收获。要将作业本和考卷中做错的题用红色圆珠笔加以纠正、写出标准的答案,并在旁边注明错的原因、感想等。考试前认真复习从前的错题,争取不再犯同样的错误。

孩子学习偏科怎么办？

有一位学者对60多位高考状元进行调查研究，概括出他们成功的十大秘诀，其中一个秘诀就是学科结构的完整性，即各门功课均衡发展。中考拼的是各学科的综合成绩，而有的孩子在九年级阶段出现了某一门功课成绩比较差，其他科目特别好的情况，这样势必会在升学考试中拉低总成绩。我们常常会为偏科情况而苦恼不已，如何在冲刺阶段快速弥补孩子的短板科目？如何激发孩子短板科目的学习兴趣？如何应对偏科的状况？

　　康康是个机灵聪明、外向活泼的男生，数学物理成绩一直在班级里名列前茅，同学们纷纷称他为"理科小能手"。然而自八年级下学期以来，康康的综合成绩总是达不到理想的分数，因而在一定程度上影响了他的综合排名。九年级前的暑假，老师与康康分析了几门科目的情况，指出康康英语的弱势影响了他的综合成绩，建议他利用好暑假时间，争取有所提高。进入九年级之后的几次考试，康康的英语成绩依旧不太理想。期中考试，英语学科的试卷难度较大，康康的英语成绩落到了50分以下。成绩公布后的那几天，康康的情绪十分低落，课间也常常趴在桌上发呆。

　　看到成绩后，康康妈火急火燎地打电话向班主任求助，想给孩子补课。班主任提醒康康妈妈："孩子的补习是有必要的，但一定要关注补习后康康有没有花功夫背记。"

几个礼拜后,数学老师向班主任反馈,康康在数学课上打瞌睡,最近的数学作业质量也不如以前。班主任课后找到了康康,询问最近为何会有这样反常的表现。康康回答道:"最近我妈给我报了英语补习班,每天放学后要去补习到9点钟才能回家,晚上做完老师布置的家庭作业已经11点多,我妈还看着我背半个小时英语。每天都是零点以后才能睡觉。"聊完后,班主任当天去了康康家家访,想要与康康父母商量如何改善偏科的现状。康康妈妈满脸焦虑地对老师说:"我现在一刻都不敢放松。我就希望利用最后一年的时间好好抓抓,争取帮他把英语补上来。"整个家庭都处在焦虑之中。康康妈妈的固执己见让康康的精神负担过于沉重,后来不得不休息了几个礼拜,直接影响了康康的后续学习。

偏科是学习中的普遍现象,家长的过度焦虑并无帮助。偏科的孩子肯定有的科目学得好,说明孩子的学习能力没问题。因此,家长只要帮助孩子找到偏科原因和解决方法就可以了。

调整心态,从源头分析问题

我们要明确孩子偏科的危害性。针对孩子具体偏差的科目,与孩子沟通、交流,一起来做具体的理性分析。我们可以帮助孩子分析偏科是因为自身喜好还是心理因素,还是能力问题。

就中考而言,每门科目都需要均衡发展,有一门优势科目对考取重点中学有帮助,而有一门偏科,就会使用标准分衡量的总分大幅度下降。我们要让孩子明白,放眼未来,每门学科在培养能力和发展智力过程中都担负着不同的职能，各门学科都不可替代。缺少了任何科目的学习都不可能形成完整的知识结构，不仅对现在的学习有危害，对日后的高中学习也有很大的危害。只有让孩子认识到这点，孩子才能自觉弥补弱势学科。

温馨提示

> 我们有时会乐观地认为，孩子其他科目都很优秀，只有一门功课不理想没关系，中考时孩子的强势科目会弥补这点小差距。其实，对于一个想考取重点高中的孩子来说，学科结构的均衡性十分重要，有一门考不好就会影响总分。孩子的优势科目应作为提升竞争力的基石，而不是成为弥补短腿科目的螺丝钉。

重视基础，从根本解决问题

学习是一个循序渐进的过程，是长期积累的结果。孩子偏科，大多是因为基础知识不够扎实。我们可以督促孩子从基础做起，踏踏实实、一点一滴地学习。如果在校外寻找辅导机构，辅导内容应以基础知识为主，有了扎实的基础才能进行有效提升。

例如，孩子英语学科较为薄弱，应督促孩子从单词、词组、课文入手，每天的读和背不仅能夯实基础，还可以提高孩子的英语语感。孩子的化学学科较为劣势，应引导孩子将元素周期表、化学方程式记牢，课本上的基础题型反复练习，以达到逐步提升的目的。

我们也可以帮助孩子分解学习任务,制订阶段性小目标,开始时要求低一些,目标实现后可以激励孩子继续努力。根据孩子的情况逐步提升目标的难度,以便孩子更好地夯实基础和掌握知识。

姓名:＿＿＿＿＿＿　　赶超的目标:＿＿＿＿＿＿

奋斗格言:＿＿＿＿＿＿＿＿＿＿＿＿＿＿＿＿

科目	语文	数学	英语	物理	政治	历史	地理	生物	总分	较次
九上期中										
九上期末										
我的总结										

 温馨提示

"加餐"要慎重

心急如焚之下,家长有时会作出一些过激的行为,比如不仅在每天课外选择给孩子"加餐",而且课后不停地督促孩子抓紧时间多背一点、多做一点。往往家长的言语施压并不会起到正面的作用,反而容易引起孩子的逆反心理,不仅增加了孩子的学习负担,而且增加了精神压力。久而久之,孩子不堪重负,学习积极性会大大降低。

树立信心,从心理层面应对问题

有的孩子对于弱势学科的学习缺乏自信心,家长应多鼓励孩子。只有树立了信心,才能学好这门学科。偏科的孩子其他科目学得很好,说明孩子有学习能力,只要找到

偏科产生的原因，树立信心，并且认真找方法下功夫，偏科问题不难解决。

孩子偏科的原因各不相同，但我们常常直接归因于孩子不努力、不用心。如果孩子本来在该科目的学习上就存在自卑、排斥等心理，在一味的指责之下，孩子只会更加厌烦短板科目的学习。

孩子无论处在哪个学习阶段，都有前进的目标。如果没有动力，他就无法对学习产生兴趣，也就无法持之以恒地去学习。所以，我们可以帮助孩子找到弥补劣势科目的学习动力，激发他的学习兴趣，为孩子每一个小进步而高兴，鼓励并激励孩子正视困难，直面困难。如果孩子长期努力学习依然没有得到相应的回报，学习积极性就会受损，从而更加丧失信心。我们可以在教育孩子的时候，引导孩子学会辩证看待付出和回报，鼓励孩子珍视自己的每一点小进步。如果孩子能正确看待付出与收获，他就能从努力中获得喜悦，从而增加学习兴趣，更乐于应对学习中的挑战。

家校合力，在方法上予以指导

校外补课在一定程度上可以帮助到孩子的学习，而孩子"学习能量"的主要来源还是校内的课堂教学。因而，家长可与班主任及任课老师保持联系，家校密切配合。通过家校合力，我们可以及时了解孩子在课堂上的听课表现、作业质量，老师也能知道孩子在课外的学习情况。孩子感知到老师的关注，会更重视相关科目，学习动力也会提高。

有的孩子出现偏科现象是由于学习方法不当，他们或者因为胆怯没有主动请教老师，或者压根没有意识到学习方法的问题。我们可以与老师交流，恳请老师给予孩子专业的分析与指导，帮助孩子更好地弥补弱势科目。

温馨提示

切莫武断归因

不能武断地将孩子的偏科归因于老师。有时我们在分析孩子偏科的原因时，会将孩子短板科目的出现归因于任课老师，认为是老师没教好，孩子才学不好，传递消极的信息给孩子。孩子受父母影响，常常会对任课老师产生偏见，这样势必会影响该门学科的学习。家长是孩子学习的第一责任人，孩子出现偏科的现象后应先与孩子坦诚深入地交流沟通，而不是将责任推到孩子或老师身上。

08 辅导班能帮助孩子提高成绩吗?

不知道从什么时候开始,精英班、提高班、"一对一"等各种类型的辅导班如雨后春笋般破土而出……面对升学考试的压力,虽然家长都知道孩子已经很辛苦,但还是对辅导班趋之若鹜。一到周末或假期,孩子们就奔波于各个辅导班之间。辅导班真的能帮助孩子提高成绩吗?

扫一扫
看视频

小温是家中的独生女,父母对她的学习要求比较高,希望她能考上重点大学。

妈妈是一个容易焦虑的人,经常唠叨,督促小温要好好学习。即使小温考了班上第一名,父母也从来不会肯定和鼓励她。妈妈时时强调危机意识——不能骄傲,不进则退,要时刻比别人更努力来保持优秀。

小学时,小温学习成绩很好,但上初中后慢慢感觉自己跟不上了。越跟不上,小温越被妈妈唠叨、批评、督促。为了能在九年级有所提升,暑假里,妈妈帮小温报了一个精英强化辅导班,每天从早到晚高强度地学习、预习、复习,一整天下来脑袋都是晕的。小温压力很大,晚上睡不好,白天没精神,出现了失眠、头痛、身体消瘦的现象。暑假班结束后,新学期就开始了,小温发现自己无法正常学习了,想看书、想听课,但看不进、听不进,感觉脑子如同浆糊一样转不动。晚上,小温常常独自躲在被子里哭,不愿意跟同学交流,没有能说真心话的朋友。原本她是一个很爱学习的女孩,如今,面对妈妈的严格要求,小温觉得很压抑和无力,内心很崩溃,身体变得虚弱。

小温的成长经历及父母的教育方式,使她在学业上面临巨大的压力,而假期的精英班导致了她最后的心理防线完全崩塌。在小温的潜意识里,学习跟痛苦、压抑、无助、沮丧等感受画上了等号,但凡触及与学习有关的事物和场景,比如看书、上课、做作业,她便本能地陷入负性情绪之中。她被这些情绪浓浓地包裹着,难以找到出口,出现了抑郁症状。

升入九年级以后,在校时间紧张,只有假期时间可以自由支配,如果孩子的学习有问题,那么充分利用假期,通过有针对性的补习确实可以查漏补缺,为今后的学习打下坚实的基础。如果一定要给孩子报辅导班,那么应该怎样做呢?

倾听孩子想法,让孩子参与决策

很多父母常常会忽略一件事情:孩子是独立的个体,他们可能更清楚自己喜欢什么、需要什么。因此,报名辅导班之前,家长应该坐下来和孩子聊一聊:究竟要不要补课,补哪些课,每门课需要补什么……通过跟孩子沟通,与孩子共同商量辅导班的具体事宜。

通常情况下,对于被安排的事物,孩子都会产生抵触心理,容易厌倦,缺乏坚持的动力,而对于自己经过考虑后作出的决定,则会更认真对待,坚持的时间也会更长,更容易成功。因此,在选择是否参加辅导班、参加什么样的辅导班的问题上,家长需要多和孩子沟通,倾听他们的意见,尽量让他们自己作出选择。这样可以避免孩子对假期辅导产生抵触心理,激发孩子学习的责任感,从而让孩子充分发挥主体作用,在辅导课上积极配合老师,产生良好的补习效果。

温馨提示

在与孩子协商是否参加辅导班的问题上,鼓励孩子自主参与选择,并非意味着一切任由孩子决定。任何事情都要适度,过犹不及。孩子的认知有限,判断与选择不一定全面。作为家长,要主动跟孩子的老师联系,全面了解自己孩子的学习情况,倾听老师的建议,将老师的建议和孩子的意愿结合起来,指导孩子进行选择。

积极承担责任,不做甩手掌柜

在孩子成长的道路上,最重要的就是父母的陪伴。即便给孩子报了辅导班,我们也要经常关注孩子在这个辅导班上学了什么,发生了什么有趣的事情,老师讲得好不好……多与孩子沟通,不仅有利于父母了解孩子的学习情况,而且有助于及时发现孩子青春期的心理矛盾,帮助其解决问题,拉近亲子关系。同时,家长也应该与孩子的老师保持联系和沟通,了解孩子的学习进程和学习状态,及时发现问题,并帮助孩子进行调整。

温馨提示

家庭教育无可替代

孩子的成长需要父母的陪伴，就像万物生长离不开阳光一样。因此，家长不能有"报了辅导班，学习就是你的事"的错误想法。有些家长认为"辅导班给你报了，老师给你请了，钱也给你花了，学习成绩要是再上不去，那我也是没有办法了"，这其实是一种变相推卸责任的态度。无论什么时候，家长都不应该退出孩子的成长舞台。行为习惯培养、榜样示范等，这些都是家庭教育的责任所在，也是学校教育无法给予的，更不能期待课外辅导班能够实现所有目标。

选择合适的、有资质的辅导班

选择辅导班要考虑孩子的实际需求。每个孩子都是不同的个体，性格不同，需求也不同，学习能力也不同：有些孩子想利用假期提前学习新的课程内容，以快速适应新学年的学习；有的孩子基础较弱，想针对薄弱学科进行基础巩固，形成完整的知识体系，先把基础打牢；有些孩子学习上有偏科现象，明确知道自己需要在哪门课、哪些知识上强化提优……针对不同的情况，家长应当酌情选择具有针对性的辅导班，多跟老师沟通，让辅导班老师了解孩子的学习情况与需求，这样才能根据实际情况对症下药，使补习更加有效。

选择什么样的辅导班除了要考虑自身的需求以外，还要关注相关机构是否具有资质和专业性，对孩子的假期辅导课程是否有清晰明确的规划等。当前培训机构繁多，一些没有资质的辅导班也鱼目混珠,因此在选择辅导班时,家长一定要搜集相关培训机构的信息,选择规模较大、办学时间长、经验丰富、管理正规的辅导机构,同时要注意不同辅导班的特色,诸如"1对1"、大班授课、小班授课等,这些模式无所谓好与坏,各有优势。家长要结合孩子的学习状况及自身要求等,通过实地考察、试听等方式,选择最适合孩子的辅导班,否则,不但对孩子的学习毫无益处,甚至会伤害孩子的学习积极性和学习兴趣。

温馨提示

出发点

有些家长选择辅导班不是出于孩子的真实需要,而是出于"别人都报了,我家不报就输了"的跟风从众心理,其他家长报了什么辅导班,自己就跟着报名,完全忽略孩子的实际情况。还有一些家长选择辅导班是出于自己圆梦的需要,将自己的愿望投射在孩子身上,希望通过孩子来实现自己没有实现的愿望。报辅导班的出发点,不应该是父母觉得"需要",而是孩子自己认为"需要"。如果不是孩子自愿的,也不是孩子真实需要的,那么参加辅导班只会适得其反。

假期是孩子自我调整、自我完善的重要时间,充分利用假期,参加合适的辅导班,有利于孩子巩固知识、拓展视野,但是假期辅导应张弛有度,否则孩子精神状态不佳,听课效率低下,只会适得其反。当然,有些孩子的自主学习能力很强,也并非必须参加辅导班才能提高成绩。家长可以根据孩子的实际情况,指导孩子制订自学计划,并督促计划落实,帮助孩子实现自我提升。

　　学习是一个长期的过程,不可能一蹴而就,需要孩子、父母、学校多方齐心协力,上辅导班不应成为监督孩子学习的唯一手段,也不应成为家长求得心理安慰的方式,只有理性分析、合理选择才能达到预期效果。

备战中考篇

优势而无准备，不是真正的优势，也没有主动。懂得这一点，劣势而有准备之军，常可对敌举行不意的攻势，把优势者打败。

——毛泽东

> 班主任的话：
>
> 进入九年级，随着中考越来越近，很多家长不免焦虑，却又无从下手，不知该如何帮助孩子，陷入于着急的状态。对此，我们不妨从四方面入手：帮助孩子制订好学年学习、生活规划，尤其是寒暑假如何合理安排；避免孩子沉迷手机，不能让孩子玩游戏成瘾，也不能让孩子借助手机查找作业的答案；提早针对体育中考项目进行训练，不要指望考前临时突击；时刻关注孩子的心理状况，让孩子保持适度的学习压力。

09 如何帮助孩子调适学习压力?

扫一扫
看视频

随着中考进入倒计时,考前紧张繁忙的复习、众人对考试的过度关注、临考前学校里的异常氛围、家里弥漫的紧张空气、同学之间相互感染的不安情绪……这些使得孩子感受到前所未有的精神压力,变得焦虑不安,甚至产生恐惧感。如果孩子能调适好学习压力,将压力转化为动力,会有利于他们积极备考。

彬彬的成绩在班级里处于中等偏上,学习态度也比较认真,但是因为动作慢,每天的作业时间都会比其他同学长一些。到了九年级,彬彬频繁地出现课上打瞌睡的情况。渐渐地,彬彬开始出现周末作业完成不了的情况。老师和家长都很担心,为了缓解越来越糟糕的学习状态,家长提出让彬彬休息几天,给她时间自己调整学习状态。休息了三天后,彬彬的状态稍有好转。

下学期报到这一天,彬彬迟到了。班主任向她收寒假作业,彬彬撒谎说提前放在了老师办公室,班主任让她去办公室拿来,彬彬犹犹豫豫地离开教室去往办公室。许久,老师发现彬彬一直没回教室。老师发动同学在校园里寻找,最后查看校园门口监控,发现彬彬已经随着放学的人群离开了学校。老师与彬彬的家长联系,发现彬彬也没有回家。妈妈打电话联系彬彬,可一直是关机状态。下午,妈妈收到彬彬发来的短信,承认自己寒假作业没做完,不好意思再去上学,觉得对不起爸爸妈妈和老师,想离家出走惩罚自己，让爸妈不要找她。直到傍晚，彬彬也没有回家。全家发动亲戚朋友到彬彬常去的地方找，老师逐一联系了平时和彬彬要好的女生，都没有发现彬彬的踪迹。

直到夜幕降临，亲戚在彬彬的小学门口发现了她，原来她整个下午都在小学附近转悠，怀念小学时无忧无虑的时光。

回到家的彬彬向妈妈倾诉，她很害怕，也很后悔，想回学校弥补寒假作业没做的错误。第二天回到学校后，彬彬和班主任、爸爸一起坐下来交流，爸爸告诉彬彬女孩子离家出走的危险性，老师告诉彬彬正确应对学习和作业的方法以及面对问题时的处理方式。彬彬也表示，以后愿意勇敢地面对问题，积极地处理问题，不逃避，不放弃。

压力是成长的必然，每个阶段都会有不同的压力，驱使着我们向下一个阶段前进。学习是孩子生活中最主要也是最重要的部分，有研究表明：未成年人出现的各类问题大部分与学业有关。适当的学习压力有利于孩子的学业进步，难以承受的学习压力则会对孩子的学业产生负作用。所以，家长要积极帮助孩子调适学业压力。

扮演好家长的角色

调查显示，孩子学习上面临的精神压力，主要来源于父母。家长在孩子学习备考过程中扮演着重要角色，他们的一言一行都会直接影响到孩子学习的情绪和状态。

角色一："心理保健员"

中考是人生中的第一个重要转折路口，孩子难免出现紧张、焦虑等情绪。家长要做孩子情绪的镇静剂、安慰剂，帮助孩子调整应考心态。要多关注孩子的思想状况、心理状态，留意成绩变化，及时与班主任、任课老师进行沟通。对于心态过分放松的孩子，应适当督促加压，而对于心理负担较重的孩子，则要帮助其减压。

角色二："后勤部长"

漫长的备考期间，家长应在饮食等生活方面做好孩子的后勤保障。多留意孩子的身体状况，适当补充营养。这里要注意的是，可以给孩子做一些精致可口的菜肴，但没有必要端到他们面前；可以不让孩子干额外的家务，但收拾自己房间、上学放学这些份内事，家长还是不要代劳。

角色三："和谐营造员"

和谐温暖的家庭氛围是孩子强有力的后援支撑，反之，家庭环境不和谐会给孩子增加不必要的思想负担。家长应尽量建立良好的家庭关系，给孩子营造轻松和谐的校外学习环境，让孩子能够静心备考。

家长要用自己的乐观情绪去感染孩子，多向孩子传递正能量，学会欣赏孩子，善于发现其闪光点，多说鼓励孩子的话，避免唠叨，过多的唠叨会使孩子产生厌倦心理，导致情绪紧张。

角色四："考生助理"

九年级期间，孩子会面临各种大大小小的考试。考试前，家长可以协助孩子做好错题集的整理，督促孩子准备好考试用品等。考试结束后，家长可以与孩子一同分析成绩，总结经验与教训。

温馨提示

不要给孩子制造无谓的压力

1. 唠叨型家长

常把"把你养这么大不容易,就是不想你再走我们的老路"等挂在嘴边,让孩子觉得只有"考上、考好"这一条路可走。时间长了,孩子会抵触与父母交流,甚至厌倦学习,极大打击他们的学习积极性。

2. 保姆型家长

常对孩子说"你什么都不用干,只管学习"。即将参加中考的孩子并不是什么特殊人群,他们应该有自己的日常生活。父母的过度关照会让孩子觉得自己处于"监控"之下。为孩子保证合理的营养、舒适的环境并没有错,但是要注意适度。让孩子觉得自己并不"特殊",反而有利于他们成长。

3. 暴力型家长

有些家长看到分数就没有好脸色,一味打骂和讽刺挖苦孩子,这只会让孩子变得焦虑、低落,甚至可能演变成极端的发泄。对待孩子的成长,家长需要有一颗平常心,鼓励孩子在能力范围内发挥到最好。

4. 沉默型家长

家长的沉默往往会给孩子带来两个感觉:一是不被重视,二是制造紧张气氛。家长表现得越不自然,孩子的心理负担就越重。

帮助孩子正确定位,分析压力

家长要帮助孩子提高自省能力,教给他们自省的技巧,做到冷静、客观、现实、理性地分析自己,了解自身所具备的素质和潜能，给自己准确定位，从而减小由于定位不准而造成的心理压力。当感觉学习压力过大时，应当学会分析压力情境，仔细思考是什么原因导致了压力，是外在因素，还是个人因素。了解压力的来源，既可以采取相应的对策，也可以舒缓情绪。

在面对压力的时候，每个人选择的应对模式会有所区别，心理学家将其分成四个类型。

1. 战斗

在面对压力时，一些人会进入战斗模式。如定下目标：这次开学测验的目标是年级前100名，争取超过班上某位同学等。这种应对模式能够帮助人们化压力为动力，最终战胜困难，获得自己想要的结果。

2. 逃跑

人们也可能在面对压力时选择放弃或逃离。如：当老师问谁愿意参加校运会的800米比赛时，有些人就可能会主动选择放弃这个夺冠的机会。尽管很多人总把放弃或逃离看得很负面，认为这是意志力不足、不求上进的表现，但有时候，"逃"能起到一定保护作用。

3. 僵死

当发现眼前的困难过于强大时，有些人会进入"僵死"的应对模式，主要表现为产生"疲乏感"或者嗜睡。如：有些人刚开学就无精打采、嗜睡，甚至对上学出现抵触情绪。

4. 服从

人们在应对日常压力时，还会表现出对压力源的"服从"，即向带来压力的事或人妥协、讨好。有些时候，服从能够帮助人们趋利避害，更好地达成目标。

根据这四种类型，当孩子应对压力时，父母要给予孩子恰当的指导。当有希望战胜压力时，需要全力以赴，为实现目标而奋进；当坚持可能带来更大的伤害时，要果断选择放弃；当压力过大时，要给孩子多一些时间休息。

温馨提示

错误定位致使产生过高期待，是重要的压力源，也是一种冷暴力。不少家长常常用别人家的孩子来激励自己的孩子，希望自己的孩子也能像学习榜样那样获得成功。殊不知，这种自以为是的榜样激励往往会给孩子带来无形的压力。因此，在孩子面临过大的学业压力时，家长不要拿别人家的孩子跟自己家的孩子对比，给孩子平添压力。

巧用方法调适压力

1. 感受进步的快乐

成功的心理体验最容易激发人们的奋进情绪，哪怕只是微不足道的小小胜利，都会在关键时刻成为前进的巨大推动力。父母要善于发现孩子的进步，乐于鼓励孩子，积极分享他们成功的喜悦。当孩子获得某些方面的进步时，家长要适度地表扬，让孩子收获自信心和安全感，感受到有可靠坚实的后盾，这样才不怕去挑战学习或者生活中的困难，也更容易从压力过大的困境中走出来。父母要多提供让孩子体验成功的机会，可以协助孩子制订长远目标规划、阶段发展计划和具体行动措施，并把目标具体化。培养孩子脚踏实地、一步一个脚印的精神，把每天的事做好，把每一个知识点掌握好,把每一种能力锻炼好,把每一个小目标实现好。让孩子在小小的成功中不断获得不同程度的满足感,激发进取心。

2. 耐心倾听,清理"心理垃圾"

负面情绪就像垃圾,如果产生得太多,或清理得太慢,积累起来就会成为疾病。帮孩子减少和清理"心理垃圾",关键在家长。追根溯源,孩子从小的性格培养很重要,我们把这种能力叫作"逆境商",它直接影响到一个人在逆境中的应对方式,是无法自拔还是积极化解。那么"逆境商"从哪里来?亲子关系是重要的来源,良好的亲子关系能化解压力,而过多的关注和溺爱,以及苛刻的控制和批评,都对孩子的成长不利。当孩子考试失意了,与其抱怨,不如让他说一说心中的失落,哪怕哭一场也是一种缓解方式;当孩子处理不好同学关系时,与其嘲笑,不如听他倾诉内心的想法……默默地倾听,适时地支招,会让孩子在接纳与支持中疏导情绪。

3. 教会孩子自我解压

美国科学家约翰·梅迪纳在他的著作《让大脑自由》中这样阐述压力对人的作用:压力会损伤大脑;压力会影响到我们的免疫系统;压力对智力有明显的损害。只有当人在压力不大、大脑运转良好的情况下才能有效地解决问题,同时也更容易记住有效的信息。孩子是学习压力的承受者,家长无法替代,但可以教会孩子放松心态缓解紧张的好方法。

 温馨提示

适度的放松,能够有效地缓解学习压力

1. 深呼吸放松法

闭上双眼,双肩自然下垂,用鼻子呼吸,在呼吸的同时腹部也要跟着伸缩。当吸气足够多时,憋气几秒钟,用嘴巴缓缓地呼气。反复几次(至少三次),很快就能起到放松的效果。

2. 想象放松法

通过想象,让自己到达一种自认为舒适的环境中,比如草原、大海,让自己感到惬意和放松。

3. 注意转移放松法

利用周末时间外出散步,听音乐,打球,找人聊天,做点家务活,可以暂时放下学习,转移注意力,这些都是不错的放松方式。

10 孩子恐惧中考,家长该如何进行心理疏导?

中考不仅难度大,而且对孩子的人生发展至关重要。面对父母、老师以及自身对自己的过高要求,面对一纸试题决定自己升学结果的状况,孩子或多或少都会表现出一定的焦虑和恐惧,甚至有些家长跟孩子一起出现焦虑和恐惧。面对这些情况,家长该如何帮助孩子消除恐惧,以积极的心态对待中考,是我们无法回避的问题。

小钰是班长,一个聪慧活泼的小个子女生。刚进校的一系列表现就能看出她的懂事和能干,学习成绩也一直名列年级前茅,她一直是班级里最让人放心的一个。

可从填报志愿开始,到中考前的那段日子,却总感觉小钰不在状态,复习时无精打采。老师认为小钰那么懂事,那么优秀,应该不会出什么意外,也就没有特别在意,只是关照她要调整状态迎接中考。

进入中考考场前,其他孩子都在认真准备将要考试的学科,相互讨论着问题,她却显得很反常,一个人找了个角落的座位,一声不响地趴在那里。也许是昨晚复习得太累了吧,考前一个人静静心也是不错的,老师这样想。进考场了,她是最后一个出准备室的。"加油,你一定没问题的!"老师这样对她说。第一场考完,出考场后小钰不断在问其他同学某个考题是怎么解的,为了不影响她的情绪,老师并没有阻止她询问其他同学考试的情况。但让人意想不到的情况出现了,数学考完后,小钰一如既往地和其他同学对最后一题的解法,小钰还没说完，旁边的学生们就说，"那不是最后一题啊，那是倒数第三题。"原来数学试卷的整个最后一面小钰都没有看见。小钰当时就哭了出来，之后的几门考试可想而知。小钰考砸了，中考总分比她的正常水平低了50多分。

小钰的父亲说："由于志愿填的是最好的高中，小钰对中考的结果十分恐惧，害怕考砸，考前经常失眠。实在睡不着，小钰就连夜做题、复习，一直没有得到足够的休息。"小钰的父母觉得考试前紧张失眠是正常的，晚上熬夜认真复习也是很正常的，并没有过多关注，也没有及时和老师沟通，多日失眠的小钰精神恍惚地进了考场……

中考既具有考核性，也具有选拔性，是初中毕业考试，也是升学考试。孩子面对中考这样对人生影响较大的考试，难免会紧张，会有压力，甚至一些心理承受能力较弱的孩子会出现恐惧中考的现象，有的孩子甚至会因为害怕中考而患上单一恐惧症（对特定事物的恐惧）。作为家长，我们要引导孩子走出恐惧，以积极的心态迎接中考。

期望适度，鼓励为主

一方面，相关研究表明，如果父母对孩子期望过高，支配过多，会让孩子变得很脆弱，常常为了避免错误而放弃自己的创造性，放弃通过失败来学习的机会。长此以往，会使孩子失去创造力和想象力。另一方面，强烈的压抑会使孩子产生人格上的扭曲，遇到问题只会逃避，变得不够勇敢坚强。

孩子是最了解自己能力的，特别是在自己的学习上，我们可以和孩子一起制订符合全家人的预期、更适合孩子实际能力的中考目标,并分阶段细化。细化目标的制订可以分学科、分时间段,还要注意细化目标要有逐步的递进和小幅的上升。通过鼓励,孩子在多数情况下都能达到自己的目标,不断的信心积累会帮助孩子克服对中考的恐惧。

在实现目标的过程中,孩子难免会产生失败和过错。对于孩子的失败和过错,我们不能缺乏应有的耐心和冷静,不能只会骂骂咧咧,更千万不要随便地将"蠢猪""笨蛋""没出息"之类的帽子强戴在孩子的头上。因为这样会极大地伤害孩子的自尊心。孩子暂时的失败总有原因,或是主观上不努力,或是客观上存在问题,我们应帮助孩子细致分析症结所在,然后对症下药,采取措施,给予孩子更多的关心和不失时机的教育引导。此外,在孩子不断努力的过程中,家长要善于发现哪怕是很小的成绩和进步,及时给予不同形式的表扬与肯定。

温馨提示

中考焦虑

中考焦虑是孩子在面临中考时所出现的紧张、担心、不安等情绪状态。主要表现在三个方面:

一是认知方面。它是以担忧为特征的、由消极的自我评价或他人评价所形成的意识体验。如:"我比别人差,万一考不好怎么办?"二是生理反应方面。面对考试感到头昏、心跳加快、容易疲劳、没有食欲等。三是行为方面。表现为注意力不集中、判断力减弱、读书效率低、记忆力减退、失眠等。

乐观向上，创造条件帮助孩子离开恐惧

在日常生活中，家长要用自己积极的言行来帮助孩子克服恐惧中考的负面情绪。

家庭是人生活的基本场所，家长应为孩子创建一个良好的生活环境。尽管每个家庭的经济水平不同，住房条件各有不同，因此布置标准不可强求，但居室布置整洁、色彩协调是可以做到的。如果条件允许，要给孩子安排一间光线充足、安静而不受干扰的房间，摆上书桌和书架，让孩子在一个宁静整洁、舒适温暖、有文化气息的环境中学习。在这样的环境中，孩子能产生一种安全感。

除了给孩子创造良好的物质生活环境，还要创造出健康的家庭心理环境。和睦的家庭气氛对孩子有举足轻重的影响。调查表明，在和睦家庭中成长起来的孩子，表现出情绪稳定，情感丰富、细腻，性格开朗，团结友爱，有自信心等。而有的家庭夫妻不和，互相指责，经常吵架、赌气，生活在这种环境中的孩子，不仅"安全"的需要得不到满足，还容易产生过分胆小、焦虑、冷漠、悲观、孤独、紧张等特征。为了孩子的心理健康，父母有必要为孩子创设温馨和睦的家庭氛围，并努力提高自身的心理健康水平。在九年级这一年和孩子的交往过程中，父母对孩子需要有更多的爱心、信心、耐心、恒心，使孩子能够在和睦的家庭氛围中健康快乐地成长。

温馨提示

家长不宜过于焦虑

到了九年级,家长肯定会特别在意孩子的成绩,但我们要注意多考虑孩子的内心感受。很多时候,孩子的负面情绪都是家长带来的。

家长自身没有一个良好的心态,怎么可能将积极的情绪传递给孩子?我们首先要调整好自己的心态,临近中考,自己比孩子还紧张,整天喋喋不休,唠叨不停,或者动不动就发火,失眠睡不好,这样的情绪会不自觉地影响言行,也会通过言行把负面情绪传递给孩子,久而久之,孩子也会变得紧张、焦虑。而孩子的心理疏导能力又远不如成年人,于是孩子会深陷负面情绪之中。

很多时候,学校会在一些关键的时间节点上,通过各种活动调节孩子的心理状态和情绪,让孩子拥有更多的正能量,信心满满地迎接中考。这时,家长最好能充分利用学校活动的机会,而不是起反作用拖后腿。如果家长对学校的活动保持相反意见,认为在冲刺阶段搞活动就是浪费时间,甚至不自觉地向孩子表达这种想法,那对孩子来讲就更不能起到心理疏导的作用了。

科学沟通,引导孩子积极面对中考

科学的方法,永远是解决问题的关键。面对孩子可能出现的中考恐惧,首先,家长要做到尊重孩子。孩子也和大人一样,有着很强的自尊心,父母应该平等对待,尊重孩子。在发现孩子有了缺点或错误时，不要采取粗暴的态度给孩子施加压力或说一些伤他们心的话，那样会让孩子产生反感情绪或叛逆心理。只有尊重孩子，以理服人，才能帮助孩子发展健康的心理。

其次，要平等对待孩子。在缺少平等精神的家庭中，孩子容易养成怯懦、自私、自卑、任性等不健康心理。所以当父母自己心情不佳时，应尽量克制，不向子女发泄；对孩子做错事时，也要真诚地向孩子道歉，让孩子真正感受到自己在家庭中的平等地位。

最后，要加强与孩子沟通。家庭成员之间应用习惯的方式，平静地、坦诚地表现自己的心理活动。心理上的开放有益于让孩子开朗活泼起来。许多人豁达大度、直言不讳、善解人意的性格与他们开放的心理特征是分不开的。父母要鼓励孩子说出自己的想法，哪怕是错的。同时要利用沟通让孩子认识到中考并不可怕，它只是学习生涯中必经的一步，也是每个人成长过程中必经的一个转折点。只有这样，孩子才会积极主动地去面对九年级的各种考试，最后勇敢地面对中考。当然，学校的各种模考也是为了让孩子习惯中考，作用是类似的。

思想上尊重，行为上平等，沟通上加强，通过这样三个步骤，基本能帮助孩子克服考前焦虑，避免考试带来的恐惧。家长要利用家庭的温暖，同时积极配合学校的一些考前活动，让孩子带着自信，勇敢地踏入中考考场，顺利走好人生路上的一段重要旅程。

 **温馨提示**

不能对孩子的学习压力视而不见

很多家长总是觉得压力就是动力,为了孩子能在九年级时最后拼搏一下,一味地对孩子施加压力,却不考虑孩子的承受能力。

九年级考试较多,家长自身如果过于纠结成绩和分数,对孩子的期望太高,在每次考试后都揪住孩子的成绩说事,一味施加压力,甚至总把自己孩子的成绩、名次去跟他人做比较,跟中考要实现的目标做比较,长此以往,孩子自然对考试有了阴影,对考试的结果也会产生恐惧。以后的每次考试都会唤起孩子过去的经验,导致孩子不能以积极的心态面对考试,陷入恶性循环。更有甚者会导致孩子对待考试的心态完全失衡。

11 中考前如何发挥榜样的作用?

常言道：榜样的力量是无穷的。榜样的经历对孩子的启发会植根于心中，为他们的未来成长发挥指向标的作用。临近中考，很多家长想尽办法希望给孩子选择一个有积极意义的榜样，以此激发孩子的学习动力。到底选择什么样的榜样最有效？榜样如何引领孩子的学习目标？

扫一扫
看视频

小皓天资聪颖、有主见，学习成绩名列前茅。他的理想是成为一名建筑师，崇拜贝聿铭。为了离偶像越来越近，小皓给自己定的中考目标就是考上本市最好的高中，然后进入一流大学的建筑系。小皓的父母也一直以此为骄傲，逢人就夸自己的孩子有理想、有目标。

临近中考，小皓的状态却出现了很大的变化。每天回到家后情绪低落，眉头紧皱，晚上做作业效率不高，拖到很晚才能完成。第二天上课就打瞌睡，听课效率大受影响，成绩呈下降趋势。老师多次鼓励他，希望他能像以前一样积极向上，朝着自己的目标努力，但效果不是很明显。老师找到了小皓的父母，与家长一起分析现状，努力帮助小皓解决困境。小皓的父母十分着急，决定晚上与小皓进行一次深谈。

妈妈首先发言："小皓，你最近怎么啦？感觉无精打采的，是身体不舒服还是其他的原因？"

小皓面无表情地说："也没什么，就是觉得学习很枯燥，学了也没什么用。"

在一旁的爸爸觉得听不下去了："你这个孩子怎么能

这么说呢？你的远大理想和目标呢？你不是说要考上重点高中、上名牌大学的吗？难道这些你都忘了吗？还有贝聿铭……"

爸爸本来是想激励一下小皓，可话还没说完，小皓就反驳了："别提这些了，我觉得自己不是这块料，我也不想为了这个不切实际的目标再白费功夫了！"

顿时，家庭氛围一下子降到了冰点，大家都沉默了。本以为在最关键的时刻能用榜样的力量激励孩子进步，却没想到孩子已经放弃了自己的理想和从小崇拜的偶像。

面临中考，孩子需要有精神引领激励他们向前。榜样可以是孩子自己选择的，也可以由父母帮助孩子树立。父母要想帮助孩子树立正确的榜样，就要了解孩子的需求，了解他们的心理。

结合孩子的兴趣爱好寻找榜样

临近中考，孩子的心理多少会发生一些变化，大多数孩子会表现出焦虑、紧张、不自信，这些都会影响孩子对目标的认知，也会让以前的理想产生动摇。作为家长，应该多留意孩子的心理变化，及时发挥调节和引导作用。

家长可以结合学生进入九年级后的发展趋势，与孩子重温初定目标，找到这个目标与现实情况之间的差距。仅仅有目标还不行,还要结合目标付诸行动,这时坚持很重要，不能三天打鱼两天晒网，树立正确的榜样，用榜样的力量感染和激励自己是一种很有效的方法。家长可以结合孩子的兴趣、爱好帮助孩子一起寻找榜样，建议找一些励志的、努力的、能激发孩子学习动力的榜样，而不仅仅是孩子崇拜的偶像。找到明确的目标后，家长可以根据孩子的需求，帮助孩子布置学习环境，比如找到榜样的照片，将榜样的名言张贴在墙上或书桌上等等。这样，孩子可以在学习的时候随时感受到榜样的力量。

温馨提示

家庭教育中，无论东方、西方都很重视为孩子树立正确的榜样。在孩子选择榜样的问题上，我们应该给予孩子更多的自主权，不要过多干涉孩子选择的权利。在孩子成长的过程中，也应该更加关注孩子个性的发展，尽量不要将自己的孩子与别人家的孩子比。

多与孩子分享榜样成长的故事

榜样不能只停留在孩子的意识中，父母要引导孩子把对榜样的喜爱和崇拜转化为自己的实际行动，帮助孩子把从榜样那里学来的学习方法和人格品质用于自己的学习实践，这样才会对孩子的成长起到促进作用，不但能提高学习成绩，还能提升思想觉悟。父母要激励孩子把榜样所取得的成绩作为自己的奋斗目标，并在实际学习中朝着既定的目标努力奋斗，这样会激发孩子的上进心，进而推动孩子的自我成长。

饭桌上、聊天中，父母可以为孩子讲榜样的故事，用生动形象的人物细节或是故事打动孩子。父母还可以结合孩子遇到的具体问题，让孩子谈谈：如果你的榜样遇到这种情况会采取怎样的解决方法？你觉得这样做好在哪里？对你有什么启发？这样的方式会让孩子感觉到榜样就在自己的身边，时时刻刻都在关注、激励自己，让孩子信心倍增。

让孩子多与身边的榜样沟通交流

中国青少年研究中心发布的"少年儿童的偶像与榜样"研究的结果表明，在榜样问题上，"身边的同学和同龄人"被选择的比例最高，明星作用则不明显。身边的同龄榜样可亲、可信、可感、可学，更容易被孩子所接受和模仿。

因此，父母可以尽量寻找身边的亲戚、朋友或者邻居中具有优秀品质的孩子，用他们的事例影响自己的孩子。在这个过程中，一定要有真实的、能打动孩子的鲜活例子，可以根据实际情况，采用讲故事、面对面交流、书信交流等不同的方式帮助孩子认识榜样。假如以身边其他优秀的孩子为榜样，家长要注意在平时多介绍这些优秀孩子的真实故事和具体事迹，不要把这些优秀孩子和自己的孩子做简单比较。

每过一阶段，家长可以把孩子最近的表现和过去做一个比较，如果孩子比以前有了进步，一定要对孩子进行肯定和表扬。还可以将孩子的成绩和进步与身边的榜样分享，借榜样之力表扬、激励自己的孩子，给予孩子一定的奖励等都是好方法。如果孩子没能达成目标，家长可以通过身边的榜样帮孩子一起分析原因，有针对性地继续努力。

父母以身作则,也是孩子很好的榜样

临近中考,父母除了在生活上给予一定的关心,更要在举手投足间给孩子树立榜样,让孩子感受到你的镇定、自信,感受到你有目标、有规律、有毅力。父母就是无声的老师,是身边的榜样,一直发挥着潜移默化的作用。所以要想取得理想的教育功效,父母一定要以身作则,时时、处处、事事都严格要求自己,成为孩子人生的好榜样。无论给孩子什么教育、什么样的训练,对他的行为能产生重大影响的依然是他周围朝夕相处的家人和同伴,家长更是孩子的行动榜样。父母应时刻以身作则,通过言传身教影响自己的孩子,感染孩子养成积极的生活态度和良好的学习习惯。

我们可以将自己工作中遇到的困难和孩子分享,有意寻求孩子的帮助,让孩子为父母排忧解难。父母要积极努力地解决问题,并及时告知孩子事态的进展,让孩子感受到父母是一个坚持不懈、刻苦努力的人,榜样的形象一下子就树立起来了!

温馨提示

家长的作用

家长的学习兴趣,在一定程度上会影响到孩子的学习兴趣,从而间接影响孩子的学习成绩。孩子生长在充满学习气氛的坏境中,很容易萌发一种自发学习的需要,形成千金难买的自觉学习的行动。因此,家长应热爱学习,形成勤奋好学的家风,以自觉的言行

> 熏陶子女。试想，如果家长经常约朋友打牌、闲聊，孩子处于这样的环境下怎么可能安心学习呢？

榜样树立得好，方法得当，会对孩子起到很大的促进作用，但有时，因为一两句不必要的话，榜样可能也会起到副作用，特别是家长不经意地将榜样与自己孩子做比较的时候。发挥好榜样的作用，关键在于"润物细无声"。

12 中考期间,家长该注意什么?

中考牵挂着每一位家长的心。作为孩子人生中第一个重大挑战,九年努力学习的结果到底如何,很大程度上就取决于这几天的中考。在中考期间,家长要做些什么?很多家长都会选择在中考当天送孩子到考场,在场外陪考,此外还有什么要注意的呢?

中考前一天,小汤的妈妈特地请假4天,全程陪同小汤中考。看考场时,妈妈再三叮嘱:"一定要记住自己的考场位置,明天来的时候不要走错了。"回到家,爸爸已准备好了一大桌好吃的:海鲜、烤肉一应俱全。吃完饭,妈妈再三叮嘱小汤赶快到书房复习。在小汤复习过程中,小汤妈妈特意送去水果并叮嘱:"明天中考,今晚你要好好复习,把语文的作文好好看看,之前的错题都看过了吗?你看看你的字,这样写可不行,考试时一定要写工整。"小汤很不耐烦地说:"妈!你烦不烦啊!""不都是为了你好,明天就中考了,到现在还不理解我们的良苦用心!"没多久小汤妈妈又送去饮料:"这是你最喜欢喝的,好好准备,爸爸、妈妈、外公、外婆都在外面陪你。加油!"小汤气冲冲地关上了房门。

中考当天,小汤早早起床,妈妈为他准备了丰富的早餐。"早饭多吃一点,等会考试才有体力。"妈妈不断嘱咐着。可小汤好像有心事,慢慢地吃着,仿佛丰盛的早餐难以下咽。妈妈还想说些什么的时候,小汤放下早餐冲进书房拿书包:"我去考试了。""老爸老妈送你。"在去考场的路上,妈妈一直关照:"考试答题时一定要注意,答题卡一定不能涂错,如果涂错了一定得用橡皮擦干净……"小汤默默看着窗外。

在考场外,已经聚集了很多考生家长。小汤想和同学们一起聊聊。这时妈妈劝阻他:"这时候不要乱跑了,静下心,马上就要考试了。把整理的诗词和句子再背背,再看看。"小汤无奈地坐在车上发呆。考试时,在考场上的小汤显得莫名烦躁,坐立不安,肠胃隐隐地不舒服。考场外的小汤妈妈也坐立不安,担心孩子在第一场考试中不能首战告捷。考试结束铃声响起了,一见到小汤,妈妈赶紧迎上去:"作文题目是什么?好写吗?写得怎样啊?默写都会吗?"一连串问题让小汤无言以对,只得默默地上车。

原本开朗的小汤在中考期间一直情绪低落,对父母的态度也越来越恶劣。父母投入了无微不至的关怀,却看到小汤变成这样,心中充满苦恼与忐忑。

在中考期间,家长给予孩子的关爱更多地体现在行动,用行动上的陪伴和感情上的抚慰,让孩子感觉自己受到尊重,感受到全家人对自己的关爱。用安全感让孩子自信从容地走进考场,发挥出最好水平。

了解孩子,尊重孩子

备考期间,与孩子有关的所有的事最好和孩子沟通商量。结合孩子的学习特点,制订好孩子在家的备考计划,此时家长可以给孩子一些具体的参考建议。考试期间是否送考,应根据考生个人情况而定。有的孩子认为,家长不离左右地陪着,自己的底气可以更足些,紧张感也能消除不少。这时，家长便可以一起送他参加考试。但有的考生独立性较强，家长跟着，反会让他感到压抑不适。总之，家长在决定是否送考时，应尊重孩子自己的意见，甚至连送考人是谁，也应由孩子来"挑选"。

陪考的三个忌讳：急问、唠叨、讲道理

中考前可以谈学习、谈人生、谈理想、谈日常轻松愉快的话题，帮助孩子减轻压力，放松心情，使孩子情绪稳定，从容应考。送考时不宜过多谈及有关考试的事情，而应像平常的交流一样，提醒孩子考试用品有没有带齐。家长送考时，不要说"成败在此一举"之类增添压力的话，也不要多说鼓励性的话语，因为这类话语说得太多，可能会给孩子形成一种此前不够努力的心理压力。这时身体语言可能更有作用，一个拥抱、一个微笑都是意义明确的身体语言。比如父亲可以拍拍孩子肩膀，传递一种力量，母亲可以拉拉孩子的手、拥抱孩子传递温情。此外，考试前和孩子交流的语速、动作都不要太急，以免传递给孩子焦虑的情绪。

不要一出考场就问考得怎么样，孩子会很烦躁，不要鼓动孩子找同学或者找老师对答案，如果孩子想去对答案，最好委婉地劝阻，因为对答案会让孩子处于一种因为不确定而引起的不安之中。不要唠叨，谁都烦唠叨。尽量少跟孩子说话，注意聆听孩子讲话，仔细观察他的反应，如果孩子有失望情绪，及时给予鼓励和劝慰。吃饭时，如果孩子不吃某个菜，不要勉强，更不要讲道理。孩子走出考场后，第一眼送给孩子的目光应该是信任和赞许，微笑要自然，

轻声问下要不要喝点水，或者要不要吃点什么。如果孩子回报给父母的是会心的微笑，那请你相信，孩子真了不起，发挥得非常满意。

稳定自身情绪，化解孩子焦虑感

不管送考还是陪考，家长很可能都有一个共同的敌人——焦虑。如果孩子出现焦虑，可分为两种情况，一种是自身的焦虑，另一种是家长传递的焦虑。如果是孩子自身的焦虑，家长可以根据自己平常与孩子的交流习惯，选择直接探讨焦虑本身或者转移注意力等办法帮助孩子。比如，如果家长平时跟孩子交流很多、很亲近，可以直接问清孩子为何焦虑，再对症下药，并暗示孩子不必太在意，尽力去做就行。

虽然是孩子面临大考，但有时往往送考的家长比孩子还焦虑。对于自身的焦虑，家长可以选择找亲人或朋友倾诉，不要在无意中传递给考生。说话语速快、动作大、动作急等都有可能传递焦虑情绪，这是尤其要避免的。如果焦虑又不能在孩子面前掩饰住，那还是建议家长不要送考，或者找他人去送考。

其实，整个考试过程中，家长的态度很重要，家长应该保持一颗平常心，中考虽然重要，但中考的成功与否并不代表孩子未来的全部，不要给孩子附加过多的社会意义和心理压力。所以，如果孩子出考场后脸色难看，发挥失常，也要尽可能耐心宽慰孩子。

 温馨提示

焦虑引发的疼痛

突然出现焦虑情绪,烦躁不安,甚至腹痛、腹泻、头痛、背痛、肩膀痛等,这都是许多考生在考前一两天的"节骨眼"上可能出现的问题。家长需要胆大心细,学会分辨"病情"。

焦虑情绪引起的疼痛一般位置模糊,定位不清,与典型的躯体疾病不同,且缺乏其他伴随的症状(如发烧等)。此时家长一定要稳定沉着,而且要"狠"一点,不要大惊小怪,更不要"配合"孩子马上去医院,而是需要"话疗",和孩子交流沟通,帮助其稳定情绪;或者让孩子去锻炼身体或做一些家务,从而放松心情,转移注意力。

关注细节,从容送考

考试前几天提前规划好路线,看好考点。考试当天早出门,选择最省时的交通工具,提前勘查好交通路线,考虑好堵车、等红绿灯的时间,不要因为突发状况耽误送考。帮孩子带好必需的生活用品:饮料、水、纸巾;不管阴晴,带上伞;带点避暑药、风油精、盐饮品、防止腹泻的药,最好还要带个外套;女孩来了例假的,带上卫生巾和止疼药之类。总之,孩子不能带进考场的都是送考老师或家长拿着,可能用到的多带点也没事,以防万一,<u>应当尽量周到、全面一点</u>。

科学饮食，休息很重要

饮食起居与孩子同步。三餐饮食，要清淡，少盐少油，荤素适宜。尽量要挑平常菜烹饪，尽量选孩子喜欢吃的菜肴。花样不要太多、太杂，分量适当，不要让孩子吃得太饱。吃饭的时候也要注意各方面的细节，谨防有意外情况影响孩子的情绪。

午餐之后，可以安排孩子稍作休息，时间在20分钟到30分钟之间。下午不需要太早去考场，避免让孩子陷入紧张的状态，只要按照规定时间提前到达考场就行。考过一场后，家长不宜过多叮嘱，更不宜同考区内熟人见面交谈，见到熟人会心微笑或对熟人招个手就行。这时候家长接收到的考场信息越少心里就越安静，也越利于陪伴孩子。

下午考试结束，给孩子创造舒适、轻松的休息环境。孩子走出考场后不宜在考区内停留，先让孩子回到家，愉快地冲个澡，缓解疲劳。然后陪伴孩子说话也好，或下十几分钟的棋也好，或是听会音乐也行……让孩子自己选择，家长无需过多干涉。

既不宜过早休息，更不能过迟睡觉，睡眠时间一般在八个小时为宜。孩子睡下后，室内尽可能保持安静，保证睡眠有效率。晚餐不宜有汤类，也不宜过量饮水，防止尿多影响睡眠。孩子的休息也要做到符合平时规律，平时几点睡几点起，考试期间也几点睡几点起，只要能保证孩子的休息质量就可以了。

温馨提示

家长如何"有所为,有所不为"

问题	表现	解决办法
如何缓解孩子压力?	心理:怕考得不好,达不到父母的期望。身体:睡眠不够,感觉不舒服、疲惫、压抑。	1. 按照孩子的实际情况设定期望值; 2. 带孩子一起做他喜欢的运动(羽毛球、网球、跑步等); 3. 保证孩子充足睡眠(7~8小时); 4. 耐心倾听孩子,包容他的负面情绪。
孩子容易出现哪些"心理问题"?	孩子考试结束后,神色凝重地说:"我好像没涂答题卡?""记不清是不是在卷子上答的,好像只是在草稿纸上做的?"	1. 切忌大惊失色,你的惊慌会让孩子更加不安; 2. 安慰孩子,交空白答题卡的情况几乎没有发生过。考场上监考老师会来回督促同学们进行检查。会出现这种不安,是考试压力太大; 3. 帮孩子尽快将注意力转移到下一场考试中去。
家长在沟通中要注意怎么说话呢?	孩子一听到家长问自己"复习得怎么样了?"就开始表现得极其烦躁,敷衍回答,然后家长也开始心里没底,焦虑。	不跟孩子讨论最后的结果。言语中不要带着威胁和恐吓,例如:"如果你不……就会……"

问题	表现	解决办法
为啥越临近考试孩子越厌学?	孩子内心很焦急,却又感到说不出的疲倦,以至学习没效率。	1. 不要再给孩子安排学习任务; 2. 提醒孩子休息,陪着孩子一起做他想做或者喜欢做的事,例如一起观看电影放松心情。

生涯规划篇

虽然计划不能完全准确地预测将来,但如果没有计划,组织的工作往往陷入盲目,或者碰运气。

——哈罗德·孔茨

班主任的话:

或许,有些家长会认为,初中生做生涯规划太早了。但很多现实案例表明,对生涯缺乏规划的初中生,个人发展往往缺乏明确的方向,也缺乏前进的动力。孩子在不停地成长变化,孩子的生涯规划也要进行相应的调整,但有规划的发展比没有规划的碰运气要好得多。

生涯规划不仅仅是选择将来从事什么职业的问题,更重要的是要引导孩子思考自己的人生。进入九年级,如果我们能够结合中考的志愿填报对孩子进行生涯规划教育,将会对孩子的学习起到很好的激励作用。

13 九年级孩子有必要进行职业规划吗?

扫一扫
看视频

"条条大路通罗马",无论从何地出发,无论选择哪条路前进,要相信终将抵达目的地罗马。但是如果一路都有"导航仪"不断为我们指引方向和路线,人生就会少走一些弯路,少一些迷茫和莽撞。九年级的孩子在全力以赴冲刺中考的同时,也要抬起头来看清前行的方向,选择合适的路径。家长有必要帮助孩子做好职业规划。

小A是一名高二男生。初中时,小A的学习成绩名列年级前20名。进入高中后,高一的成绩在年级100名左右,上高二后,成绩下降到年级300多名。一个月前,小A对他的父母说,不想再继续读书了,他想辍学做生意。因为他觉得读书上大学未必有用,不如现在开始就学做生意。

小A的表现让他的父母及亲朋好友无法理解,初中教过他的老师也觉得不可思议,为什么原来那么优秀的学生,到了高中会变化这么大呢?

小A的父母带着他找到我的时候,我的第一印象是:很有灵性的一个男生,只是眼神中透着一种茫然。

我问他听过"生涯规划"这个词吗? 他摇了摇头。

我告诉他,生涯规划就是找到适合自己发展的核心目标,然后制订行动方案,提升自信、完善不足,同时解决在学习、工作中遇到的各类问题。

我接着问他:"听说你现在准备学做生意,能告诉我,你准备做什么生意吗?"

他的眼睛看着别处:"不知道,反正是做生意。"

我笑了笑:"那就说说你做生意的目的吧。"

"那还用问,当然是赚钱啦。"

"你知道一名生意人应该具备什么条件吗?"

"条件?我没想那么多,找一个活干就好嘛。"

"看来你对自己做生意这件事,还不是非常明确。如果将来让你选择职业,你最希望做什么?"

他低头想了想,犹豫地回答:"理财师吧。"

我赶紧跟上:"也对,无论做什么事,想要多赚钱,的确需要理财。"

"真的呀?你也觉得理财师是个好职业?"。

"职业没有好坏之分。关键在于是不是自己最喜爱、最擅长的工作。"我又说,"你了解理财师这个职业吗?比如,你要完成哪些专业学习,才能成为一名理财师,理财师的实际工作性质是怎样的,等等。"

小A一脸茫然,摇了摇头,说:"这些我从没想过!初中时学校搞过生涯规划教育,但我爸妈认为初中生考虑未来的职业为时过早。"

……

有些家长认为孩子年龄小,所以经历少、见识浅,不懂事、不定性。因此,初中谈职业规划为时尚早,高中再考虑也不晚。"脚踩西瓜皮,滑到哪里算哪里。"殊不知,对孩子进行职业规划恰恰能够给孩子提供更大的动力,也能给孩子开阔眼界,使他们以更端正的态度和更饱满的精神对待学习。

提早做好准备，避免升学、就业的盲目性

很多初中毕业生在升学及专业选择上存在着较大的迷茫性，而一些学生即便选择了中等职业学校，对专业的选择也存在极大的盲目性。这就需要家长让孩子明确：升学与择业都是自己成长发展中的重要转折点，不仅要珍惜，更要好好把握。首先，这需要孩子做好心理准备，不管做什么事，都要积极主动，更要认真负责、不怕吃苦，而不是等到选择后再后悔、逃避甚至放弃。其次，大多数职业都有一定的能力要求，孩子要做好相应的学业准备，千万不要认为不上高中去职业学校就是"混日子"。实际上，决定走职业技术这条路的孩子更要在初中打好基础，以后才能学到真本事。

关注社会发展、国家政策及学校的专业要求

社会在变化，国家在发展，由于知识和技术的更新越来越快，择业竞争越来越激烈，家长和孩子都倾向选择符合时代需求的职业。家长可以通过网络、电视、报纸等媒介，及时了解最新动态；也可以通过实地考察或与专业人员面对面的访谈，让孩子对不同职业的真实状况有更深入、更清晰的认识。将个人理想与社会需要紧密地联系在一起，才能在社会中找到个人的合适定位。

不同学校有不同的专业设置，不同专业亦有不同的专业要求。家长和孩子可以提前了解各个学校和各个专业的特色及发展前景，而不是录取之后才发现"理想很美好，

现实很残酷"。大部分专业都有一些严格的行业规范要求，比如化工方面，有些专业对于颜色的辨析要求很高，色弱、色盲的孩子就不适合。还有些专业对身高和外形要求很高，那么不符合条件的孩子就不必抱有执念。甚至有些专业还有年年变化的新要求、新条件，家长和孩子应及时关注并提前准备，无法满足条件时则要转换思路，重新选择。

温馨提示

避免从众跟风

有的家长考虑到孩子的职业选择和规划问题，但受其文化程度或社交范围的影响，对于这方面的信息知之甚少，于是选择"道听途说"。听到别人说某个专业好就业，便心动不已；听到另一些人说某个职业轻松又赚钱，恨不得孩子马上进入这一行……其实各行各业都有不同的价值和意义，也都有其特殊性，如果不深入全面地研究、不结合职业要求和孩子自身情况，就会陷入人云亦云的境地，反而不知该如何选择，一味盲从甚至会使孩子将来的发展之路产生不必要的偏差。

提升孩子职业规划的自我意识和能力

提升孩子的自我意识，是职业生涯教育的重要内容。初中生正处于提升自我意识的关键时期，开展职业生涯教育，不但能满足初中生提升自我意识的需要，而且符合初中生身心发展规律，对稳定孩子正常的学习状态，调动孩子的主体积极性，提高孩子能力和人格素质，有着难以替代的作用。同时，职业规划教育要引导学生结合自身特点、家庭实际和经济社会发展需要，确立"跳一跳、够得着"的近期目标和切合实际、能激励自己为之奋斗的长远目标，这有助于各类学生在原有基础上有所提高，有助于初中生自觉规范自己的行为，有助于初中生个性发展，有助于初中生扬长避短。

立足孩子实际，尊重孩子的个性和选择

职业规划教育不仅要重视社会的需求，也要重视孩子个人的意愿。作为家长，我们不要认为孩子什么都不懂，毕竟孩子已经十四五岁，有着自己的想法，也初步形成了一定的世界观、价值观和人生观。为此，父母要依据孩子的兴趣及自身实际帮助孩子规划将来的人生道路。一方面，孩子有了兴趣，会更有学习动力，学习效果会比较好；另一方面，父母尊重孩子的兴趣，让孩子作出最适合自己的选择，体现民主的家庭观念，有利于孩子更好地进行自我成长。

温馨提示

避免主观偏见

职业只有种类之别，而没有高低贵贱之分。我们要从实际出发，帮助孩子了解职业的需求，树立起正确的职业观：职业首先是谋生手段；第二是为社会服务；第三是人的发展的需要，是人生价值的体现。家长只有树立了正确的择业观，才能做好孩子的参谋。

许多家长对现实问题考虑得较多，一心想让孩子将来能有一份社会地位高、经济收入丰、有"脸面"的工作。他们没有考虑到社会对人才多方面、多层次的需求，也不顾及孩子的兴趣、能力方面的实际情况。这种急功近利的职业观，不仅给孩子造成巨大的心理负担，也给孩子注入了功利的思想。

14 普高和职高,选择哪个更合适?

普高,即普通高中,重在学习文化知识,为将来参加高考,升入高一级学校做准备。职高,即职业类高中,重在学习职业技能,为毕业后求职做准备。孩子进入九年级后,不仅要面临中考,还面临将来职业发展方向的选择。在普高和职高之间如何选择,需要家长和孩子及早思考和规划。

小M在七八年级的时候成绩不错,属于中等偏上,但是后来成绩一直莫名下滑。他很纳闷,自己已经很努力了,成绩为什么上不去呢?

经过一段时间的努力,小M的成绩还是没有起色。想想进高中太难了,他的心越来越凉,有了自暴自弃的想法。在第一次中考模拟考试中,他的成绩排到了年级中下游的位置。

考试后,班主任老师找小M谈话,说起如果上不了好高中不如去职高,他却很犹豫:"我也知道,现在上了大学也不一定能找到一份理想的工作,但周围同学都上高中了,我如果去职高,不是很没面子吗?"小M说,在很多人的印象里只有学习成绩不好所以考不上普高的学生才去上职高。

其实,在与班主任老师交流之前,小M的父母也和小M就选择普高和职高的问题探讨过。父母认为,成绩不好、没出息的孩子才去读职高,要求小M无论如何都要上一所普高。

中考是孩子人生选择的第一个十字路口，志愿的填报和选择决定了孩子未来的发展方向。作为家长，我们有必要多方面了解，帮孩子填报合适的志愿，不给人生留遗憾。

全面了解自己的孩子，合适的才是最好的

每一个孩子都是独立存在的个体。有些孩子对文化知识感兴趣，抽象思维能力强，初中阶段文化成绩比较好；也有些孩子对理论性的知识兴趣不是很大，成绩不是很好，但他们在解决问题时的动手能力很强，对技术性的知识充满了探索的欲望。这两类孩子在人生规划上应该走不同的道路，强求一致是不合理的。所以面对个性迥异的孩子，在填报志愿时，我们不可以绝对地判断普高好还是职高好，需要综合考虑孩子的实际情况来决定。

1. 考虑孩子的学业水平

学习成绩既是填报志愿时的衡量标准，同时也是孩子理论学习水平的反映。优异的学习成绩能够保证他顺利地完成高中的学习。高中教育不同于初中的义务教育，有些孩子中考成绩不是很理想，勉强上了普高，会学得很累，甚至学不下去，不得不选择退出普高。所以孩子的学业水平不光是中考填报志愿的依据，同时也是未来可持续学习能力的前提。

学业水平主要可以参考学习习惯，学习态度和学习能力三个方面。良好的学习习惯和端正的学习态度是高中学习的有力保障，如果习惯拖拉、习惯抄袭、抱怨学习辛苦、态度消极，哪怕考取高中也很痛苦。对此，家长需要谨慎

考虑。学习能力最直观的体现就是考试成绩，期中、期末考试成绩，九年级下学期的模考成绩都是志愿填报时的重要参考。通过横向比较孩子在班级和学校的排位顺序，对照往年的录取情况，基本可以做到心中有数。家长还可以纵向比较初中三年的学习状态，随着年级的升高，学习难度是呈上升趋势的，如果孩子的学习成绩比较稳定并且稳中有升，则有可能适应普高的学习。

2. 依据孩子的兴趣选择孩子将来的人生之路

兴趣是最好的老师。一方面，学习自己感兴趣的内容，孩子的学习动力会更大，学习效果也会更好，未来的发展肯定也更理想。另一方面，父母尊重孩子的兴趣，让孩子作出最适合自己的选择，对孩子的成长也是大有益处的。尤其是在职业学校的选择中，专业的选择同等重要。家长需要发现孩子的特长和兴趣，比如有些孩子很有耐心、喜欢小孩子，就可以选择幼师、幼教专业；有些孩子对漫画情有独钟，喜欢看漫画，更喜欢画漫画，就可以选择艺术发展比较好的高中或者职业学校中的动漫设计……投其所好，发挥所长，应该是志愿填报中的重要因素。

温馨提示

普高和职高都是成才之路

普通高中，是中考填报志愿的一种选择。现实生活中，有一部分家长受到传统观念的影响，头脑里根深蒂固一种思想：只有上高中考大学才算有出息。这部分对高中"情有独钟"的家长甚至极端地认为，考不上高中就不要念书了。

职业类高中分数线相对稍低一些，专业选择面广。现在越来越多的家长会考虑选择职业类学校。有部分家长认为上了高中也不一定能考取大学，即使考取了大学也不一定能找到工作，与其到高中去吃苦，不如选择职业高中早点学一门手艺。

"万般皆下品，唯有高中好"是一种执念，成绩不好的孩子才会去报考职高也是一种偏见。家长不要一味地固守自己的想法，要尽可能多了解普高和职高的具体情况，综合考虑孩子个性特征、学习能力等各项因素，作出最适合孩子的选择。无论普高还是职高，都有可能走出属于自己的成功之路。

了解普高和职高的特点，从实际出发

普通高中和职业高中都属于高级中学的范畴，二者在性质上基本上是一样的。那么在升学问题以及将来的就业问题方面，二者有着什么样的特点和优势呢？

1. 普通高中与职业高中的升学问题比较

一般来说，普通高中毕业后，需要参加高考，深入高一级学校，可能是本课院校，也有可能是专科院校，也有部分同学不能进入高一级学校就读，主要根据高中三年的学业情况而定。职高生可以通过"3+技能证书"普通高考考试、"高职院校对口自主招生""中高职三二分段"和"3+4"等方式进入大学学习深造；也可以通过成人高考、自学考试、电视大学、网络教育等方式边工作边读书，完成学历提升。职业高中学生可以参加成人高考，学习方式分为函授和业余两种。

2. 普通高中与职业高中的就业问题比较

职高是技能教育,培养的人才属于技术工人。对于就业来说,能力大于学历,学到一定的专业技术才是最重要的,也是用人单位最看重的。普高属于国民教育系列中的普及教育,目的是提高学生的人文素养。随着高等教育逐渐普及,知名企业招聘普遍以本科甚至是研究生作为入职的学历,这样就限制了一些低学历学生就业。相比于大学,职高学生的就业率一直很高,由于很多职高都与相关企业合作进行订单式培养,大部分学生一毕业就可以找到接收单位。根据统计,职高毕业生就业率在90%以上。不过由于职高学生的学历较低,因此工作主要集中在一线技术岗位,比较辛苦。职高学生在就业后如果希望有进一步提高,还需要继续深造。普通高中对学生的评价主要集中在文化课上,因为高考主要考查书本知识。对于一些动手能力比较强的学生来说,他们的文化课成绩可能不好,但是喜欢动手制作一些东西,职高也许更适合这一类学生。

其实对于家长和孩子来说,选择什么样的求学之路应该更看重孩子未来的发展而不是家长更在意的所谓"名气"和"面子"。高中阶段的文化课学习任务重,高考的考查标准也是以文化课为主,而职高教育更强调学生的综合动手能力。因此,家长应该根据孩子的兴趣和特长,选择适合孩子的成长道路,更重要的是,要多听听孩子的意见。总而言之,适合孩子的才是最好的。

温馨提示

"3+4"本科教育

"3+4"本科教育,招收应届初中毕业生,学制为七年(三年中职、四年本科)。学生前三年在中职学校学习,执行中职学校收费标准,三年后发中职毕业证。三年后,参加春季高考报名并进行转段测试,合格者进入对应的高等院校进行四年本科学习,学习期间执行普通高校收费标准,毕业后发本科毕业证。在这七年的学习时间里,由对口试点的中职学校和本科院校,共同制订对口专业的理论知识课程和技能训练课程衔接贯通的教学体系,系统化培养本科层次复合型、应用型技术技能人才。

了解中考招生政策,看准志愿填报风向标

每年中考填报志愿之前,当地教育局招生办会发布当年的招生指南。这份招生指南一般会提供各个学校的简介,公布各大高中提前录取的条件和人数以及统招的招生人数,职业类学校也会在招生指南中公布当年的招生专业、相关条件和招生人数。无论是高中还是职高,考生面对的都是多选题。如何在众多学校中挑选适合自己的学校和专业?这就需要我们家长仔细研究当年的中考招生政策,然后作出选择。

有意愿填报普高的家长首先需要关注各大高中提前录取的条件,根据要求准备提前录取的相关材料,并关注相关考试时间。其次需要关注各大高中的排位和当年录取人

数,可以比较近五年当地各大高中的录取分数线,大致了解各大高中的排位,参照录取分数,结合孩子的模考分数,也可以对孩子进行大致定位,做到心中有数。面对同等高中学校不知道该如何选择时,学校的文理特色、历年高考达线率都是参考的标准。除此以外,离家远近、住宿还是走读、校园环境等各方面的因素都可以作为参考条件。

要考职高的学生的家长,需要考虑的内容更多、更细致。职业类学校会设置许多专业,家长不光要考虑学校选择,还要考虑专业方向问题。家长可以通过学校的宣传资料,了解心仪学校的特色和专业设置以及相关专业的就业情况等信息;还可以通过实地考察,了解学校学习环境和专业设施;也可以通过历届毕业生的评价,了解学校管理和口碑……如果有专业目标,就需要综合比较相同专业的不同学校的实际情况,挑选心仪的学校,然后重点关注学校的招生人数和报考条件;如果有学校目标,就需要研究该学校的专业,每个学校都会有自己的优势专业,如果能选择到心仪的学校和专业,肯定是理想结果。

对中考招生政策的研究,可以让孩子的志愿填报更有针对性,也避免不必要的失误。家长甚至可以纵向比较近几年招生政策中的变化细节,捕捉最新的招生风向,帮助孩子寻找最适合的选择。

15 给孩子填报志愿，家长应注意什么？

中考能否成功，不仅取决于平日的积累和临考的发挥，填报志愿也特别重要。填报志愿正是孩子和家长最纠结的问题，填高了，担心考不上；填低了，又怕吃亏。怎样才能让志愿填报恰如其分呢？

小鱼就读于一所普通初中的普通班级，她不满足于课堂上所学的内容，加上班级里有好些孩子都在外补课，家长就给她报了几个针对中考的补习班。

进入九年级后，小鱼的状态一直都很不错，不光学习认真刻苦，心态也一直正面阳光。尤其在中考前几次模拟考试中，小鱼更是稳定发挥，考出了比较理想的成绩，三次模拟考试的成绩也比较稳定。分数虽然不是特别高，但在班级中已属前列，在年级中的排名也比八年级时进步了很多。小鱼和爸爸妈妈对成绩还是比较满意的。

填报志愿前夕，妈妈和小鱼促膝长谈，小鱼向妈妈表达了自己想上高中的愿望，妈妈也表示会全力支持，在填报志愿时一定充分考虑小鱼的需求。

填报志愿的过程相当纠结。小鱼的爸爸妈妈打听了很多人，询问了很多信息，可谓是做足了功课：当地中考普高录取率偏低，50%都不到；中考基础性比模考要强，所以大多学生中考成绩会比模考成绩有进步；填报志愿时要注意方法技巧；高中有着不同星级和优势……妈妈还是不放心，又和小鱼的班主任老师商量。鉴于小鱼的分数，班主任老师建议小鱼妈妈在填报志愿时要谨慎，不宜过高。最后，在小鱼的强烈要求下，在补习班老师对小鱼的肯定和鼓励下，小鱼最后在中考志愿的填报栏下依次写下了自己的理想志愿，都是当地一类学校，即最好的三所高中。填报期间，班主任老师劝说她在选择学校时要稳妥一些，要注意三个志愿之间的梯度，建议她填写一个保底的志愿，但这些均未被采纳。

也许是填报完志愿压力太大，也许是学习过于用功、过于疲劳，也许是太过紧张、太过焦虑，小鱼的中考成绩和模考相比，不光没有进步，反而退步了一些。成绩虽然不尽如人意，但是如果志愿填写不在市区的部分高中，还是有希望被录取的。但由于填报志愿时过于极端，小鱼与自己心心念念的高中失之交臂。

填报志愿看起来简单，只是填个表格而已，但实质上是一个复杂的过程，需全面整合信息：平时的学习情况、情绪波动；考生的心态性格、抗压能力；统一考试的排名、发挥情况；各个学校的招生政策、填写要求；各种特色班的招生以及孩子的填报志愿、兴趣爱好等。都是家长为孩子填报中考志愿时需要考虑的因素。要想进入自己心仪的学校、选择自己喜欢的专业主要靠中考成绩。成绩过硬的孩子没问题，但对于成绩不是那么稳定的同学来说，志愿的填报就显得尤为重要了。

评估孩子的学习情况

孩子在整个初中阶段特别是九年级时，期中、期末等主要考试的排名处于年级的哪个部分，一般就是孩子考试的最大概率。家长不要太在意孩子的超常发挥或者超差发挥的那次考试，而是要求一个最大的可能性。

1. 估分"宜紧不宜松"

中考时身体、情绪、心理因素及临场发挥都会直接影响中考成绩，因此孩子在估分时一定要考虑这些因素。

2. 估分受心理因素影响

从往年估分情况看，造成估分较大误差的原因，主要是孩子在估分时会受到一些心理因素的影响。

3. 三次成绩加权求和可算估分

估分结合一模、二模成绩更保险。越接近中考，孩子的模拟考试成绩会越贴近中考时的实际情况。因此两次模拟考试的成绩可作为孩子实力的参照点。

评估孩子的个性特点

需要注意的是：家长要充分了解自己孩子的综合情况，包学业、特点、性格、兴趣等，这些不是中考成绩或名次所能判别的，更多要靠长期共同生活的了解和积累。家长要分析孩子的情绪和性格，如果是对压力比较敏感的孩子，容易出现考试上的情绪波动，那么就不要给孩子过高的志愿压力；相反，如果是抗压能力好的孩子，那么家长可以让他去冲一冲、搏一搏。在尊重孩子意愿的前提下，与考生共同作出客观准确地选择，要着眼长远，切忌盲目攀比、大包大揽。

温馨提示

避免被动选择

中考的志愿填报分成普通高中和职业高中两大类。有一部分家长对这两个方向并没有明确而强烈的选择倾向,总想着等成绩出来了能考什么学校就填报什么学校。

从前期来看,这种被动的现象是没有目标造成的。凡事预则立,不预则废。被动等待的家长和学生,不光在填报志愿的时候不占优势,影响甚至更大。目标和理想,是很多学生学习的动力和方向,在有明确目标的情况下压力可以转化成动力,激发学生的学习潜能,尤其能调整九年级阶段的学习状态,有利于学生通过个人努力在中考中发挥出自己最佳的水平。没有志愿的同学很容易迷茫,尤其是九年级时学习生活辛苦,学习内容综合复杂,没有理想的支撑,很多孩子在意志上就不如有明确志愿的同学那么坚定。

在志愿填报时,存在普通高中和职业高中的选择,一志愿和二、三志愿的选择,众多学校和专业的选择,一时间信息量巨大,如果事先没有准备,真正等到填报志愿时再去思考,家长和学生是很容易患得患失的,关系孩子一生的选择在短短几天内匆忙作出决定,显然也是不明智的。

综合考察区内高中

1.对选择的学校要全面了解

特别是在普通高中的筛选上,要客观看待录取分数线的意义，避免"唯分数线论"。很多考生和家长单纯地认为分数线高的学校就比低的好，这种观点存在很大的片面性。再者，评价一所学校用简单的"好不好"，也有以偏概全之嫌。

2. 不盲目跨区就读

有些家长总觉得自己地区的高中不好，别的区的高中各种优秀，也有些家长担心孩子考不上本区高中，想曲线救国，去考跨区的高中。但是，对跨区就读普通高中，要慎重。家长需要考虑的问题比孩子在本区高中就读要多得多：各区教育教学方法的差异，各区教学难度的把握，孩子的自我适应能力等。另外，诸如住家远近、上学路程、住宿与否、同学交往等教育教学层面之外的各种因素，也需要提前谋划。这些问题如果解决不好，入学后必然会分散孩子的精力，影响孩子在校的学习和生活。在学校的选择上，适合孩子成长和发展的才是好学校。

 温馨提示

切忌偏听偏信

有些家长特别相信个别渠道流传的所谓普通高中的学校排名，非常热衷于讨论学校的评分、名次。但其实，这些排名都不是教育主管部门发布的，存在诸多的片面性。特别是普通高中，更要客观看待录取分数线的意义，不要只看分数线不看其他。很多孩子和家长单纯认为分数线高的学校就比低的好，这种观点存在很大的片面性。再者，评价一所学校不能只用简单的"好"与"不好"，这对学校不公平，也不利于家长为孩子选择合适的学校。

> 招生简章的前言部分和中招特刊的相关内容已将志愿填报的有关要求全部明确，另外市区招生管理部门的有关解答也是最权威、准确的，应该以此作为中考政策依据的唯一来源，与此不一致的其他信息都不是真实准确的。
>
> 填报志愿，尤其是排列志愿顺序时，不要盲目轻信各种小道消息的排名，避免被误导。

综合征求各方意见

九年级孩子还是未成年人，受人生阅历所限，他们还不具备自主填报中考志愿的能力。所以在填报中考志愿时，拥有最终决定权的是孩子的监护人，一般来说便是家长，但这并不意味着填志愿时家长就可以"独揽大权""一意孤行"，而应征求各方的意见。

1. 征求班主任和任课老师的意见

谁是最了解孩子学业水平的人？并不一定是家长，而是班主任或任课老师。因此，家长可以征求一下班主任和任课老师的意见，请他们比较客观地分析孩子的学业情况。志愿初步定下来后，也要征求一下班主任老师的意见。因为相比较而言，班主任在指导学生填志愿方面的经验更为丰富。

2. 征求孩子的意见

孩子虽然是未成年人，不能决定志愿的填报，但孩子毕竟是主角，将来是孩子去读书。所以，填报志愿时，家长要充分听取孩子的想法。志愿填报过程中，难免出现家长和孩子意见分歧、家庭成员之间意见分歧等，在这一特殊阶段，家长也会接收到来自多方面的意见和建议，头绪繁杂，这时候切不能头脑发热，感情用事，更不可赌气，冲动行事，必须理性地看待孩子的水平和各学校的录取情况。

掌握填报志愿的技巧

考生需要对自己有个准确的定位，其中学业水平方面是"硬指标"：考生在本区中考试排名的参考价值大于中考成绩。中考成绩和以前中考录取分数线相比，参考意义也不是很大。这是因为中招录取学校中，绝大多数是分区录取，而中招录取原则准确地说是"名次优先"。考生在本区内的中考名次是考生学业水平的最直观依据。所以要以此为依据，确定出这个排名前后范围的备选学校，除了正常水准外，既要有拔高的，也要有托底的，也就是说，三个档次之间要有梯度。

1. 第一志愿填报：冲一冲，够得着

无论孩子自身真实的成绩如何，第一志愿都可以填报比模拟考试平均成绩高一个档次甚至两个档次的心仪学校。中考偏基础，加上孩子对待中考格外认真，家长格外重视后勤保障，因而大多数孩子的中考成绩都会比模拟考试进步，有的甚至进步非常大。第一志愿"冲一冲"，也符合这种规律。

2. 第二志愿填报：稳一稳，有着落

第二志愿应是孩子自己喜欢的，根据平时成绩能够达到的，这种情况下所对应的学校。按照自己平时的水平填报，

是比较稳妥的填报方法。相比较而言，第一志愿可以冒险，可以冲，起到激励孩子的作用，第二志愿就要注重稳了，通常情况下，孩子正常发挥，能进入这个档次的学校，这也是对孩子能力的肯定。

3. 第三志愿填报：保一保，不落榜

第三个志愿也就是兜底学校，选择的时候一定要暂时放下自己的自信，按照发挥失常来选择，按照出现特殊情况来选择，要确保兜得住底。孩子和家长在填报志愿时，往往最不重视第三志愿，认为相比第一、第二志愿，这第三志愿不过是走走形式。其实，第三志愿的填报相当重要。第一志愿冲一冲，能考上当然很好，考不上也没关系；第二志愿稳一稳，放平心态，正常发挥就好，万一没考好，还有第三志愿；第三志愿是保底，万一考砸了，还有选择，这相当于给孩子吃一个定心丸。所以，第三志愿的填报能对稳定孩子躁动的心、平复孩子紧张的情绪起到良好的作用。